AF391426

PLAN ou ESSAI D'ÉDUCATION

GÉNÉRAL ET NATIONAL,

OU

LA MEILLEURE ÉDUCATION

A DONNER AUX HOMMES

DE TOUTES LES NATIONS.

Par M. le Cte. de Vauréal, ancien Officier au Corps-Royal du Génie.

Natura incohat, ars perficit, experientia mater, dat utriufque falutem :

» La nature donne les difpofitions, l'art les perfectionne ; mais
» l'expérience en tous genres édifie l'éducation ; elle apprend
» à l'homme à être humain, civil & patriote ; la raifon
» maintient la nature & l'art dans leurs droits refpectifs par
» un jufte équilibre : fuperieure à toutes trois, elle eft la
» modératrice qui garantit leur harmonie, en juftifiant leurs
» efforts «.

A BOUILLON,

De l'Imprimerie de la Société Typographique, & fe
trouve à PARIS, chez les Marchands de Nouveautés.

M. DCC. LXXXIII.

ÉPITRE

DÉDICATOIRE

A LA PATRIE.

O vous qui ne devriez être servie que par des cœurs généreux & des ames sensibles, vous qui savez les distinguer! J'oserai dire que je chéris votre culte? Il promet le bonheur à la plus aimable nation ; près d'elle les autres sont encore plongées dans la barbarie ou dans cet enthousiasme patriotique (1), qui, pour briguer l'indépendance, touche trop souvent à l'anarchie, ou à la servitude, ou au désordre. Toujours ramené vers vous par l'amour & la raison, je cherche cependant parmi nous votre temple tutélaire, vos autels, & depuis ces fiers Romains qui conquirent l'u-

____

(1) Le gouvernement Anglois.

nivers, aucun caractéristique ne rappella particuliérement ce culte sacré de la patrie, en rassemblant un vaste peuple au nom du Dieu suprême & du salut de l'état. Bien plus, mes tristes pas ne rencontrent que des incrédules sur votre existence! je ne vois que des égoïstes, des automates, que votre énergie puissante peut à peine vivifier ; dans ce doute effrayant, dans ce désespoir, j'ai osé interroger le cœur d'un de vos vrais ministres (1), qui seul m'a pénétré de votre existence. Je crois vous voir par ses yeux, fraîche, jeune & renaissante, d'une vigueur nouvelle, faire les délices de NOTRE JEUNE MONARQUE, tantôt exciter l'honneur, animer le commerce & les arts au sein de la guerre, gourmandant les fautes, pressant les pas précieux du héros qui coure à la gloire. O ma patrie! votre temple est dans le cœur d'un bon roi. Il n'en faut pas douter que c'est par ce génie puissant qui s'élance vers le bien que vous gouvernez le François avec bonté, & que vous vengez l'honneur de l'état avec sagesse.

____

(1) Lettre de M. le comte de Vergennes à l'auteur.

Prenez dans vos bras ce tendre rejeton d'une race antique, il est l'ainé des amours ; son doux sourire doit vous enflammer d'espérance ; trop jeune encore, il vous assure bien plus de la bonté, de la douceur & de la bienfaisance de celle qui est sa mere, que de sa propre reconnoissance. (·)

REINE DES FRANÇOIS, *cet enfant est un triple bonheur ; il est votre fils ? Puisse t-il n'oublier jamais le premier de ses titres ?... Qu'il lui sera facile de suivre les leçons de patriotisme & de grandeur d'ame dont il verra les exemples, & qu'il a puisé dans votre sang.*

Mais cet enfant précieux apprendra avec effroi que nos institutions empruntées (non chez ce peuple sage & vainqueur (2) des autres peuples, tant qu'il fut uni par le patriotisme & les bonnes mœurs ; mais chez des

---

(1) La fête des bonnes gens du village de ce nom si utile & si respectable, prouve l'avant-goût de la renaissance des bonnes mœurs en France.

(2) Les Romains, dans les temps de la république & de leurs conquêtes, n'avoient de loix que celle des Douze Tables.

empereurs que de grandes fecouffes , de grands crimes élevoient au trône , & en fai- foient également defcendre.) Cet illuftre en- fant apprendra, dis-je , que ces inftitutions gothiques mêlées à des loix & des coutumes auffi bizarres qu'elles font difparates , nous ont fait fouvent des autropophages & des cannibales polis & d'une efpece nouvelle.

O enfans trop fortunés ! la réforme de ces loix barbares préparée par la fageffe de vos illuftres auteurs , fera un nouveau fleu- ron qui brillera fur votre couronne.

C'eft cet efpoir flatteur qui me met aux pieds de votre divinité , ô ma patrie ! aux portes du tombeau , je vous offrirai mon fils , il vous verra renaître d'une fplendeur nouvelle ! Cet efpoir m'encourage à vous pré- fenter mon foible hommage , n'ayant pas le bonheur d'être inutile à votre félicité , défavouriez-vous le rêve d'un bon citoyen.

*LETTRE à M****

TENANT LIEU DE PRÉFACE.

Au Chât. de Vauréal en Champagne.

Vous m'avez invité, Monfieur, à vous faire mes réflexions fur la petite brochure intitulée : *Confidérations* (1) *générales fur l'Education* & autres qui paroilſent journellement, & qui ont prefque toutes le même fyſtême. Rendu à ma folitude, je me fais un plaifir de vous en faire part. Je penfe affez bien de votre efprit pour me perfuader que fi je ne fuis pas en tout d'accord avec l'auteur de la brochure, je ne perdrai rien pour cela ni de votre amitié, ni de votre eftime ; je ne fuis point fâché de vous faire connoître, comme pere de famille, quelles font fur cette matiere mes idées ; je les développerai, peut-être par la fuite, d'une maniere plus étendue, lorfque la néceffité de donner à mon fils une éducation convenable, m'autorifera à m'expliquer, en amufant mon loifir.

Il ne faut pas douter que l'auteur des *Confidérations générales fur l'Education* (quel qu'il foit) n'ait une connoiſſance approfondie fur les vices qui travaillent le gouvernement dans fes loix & dans fes maximes. Il eft probable que celui qui en analyfe fi bien les abus, leur relation & leur influence, a affez de génie pour trouver le re-

---

(1) *Confidérations générales fur l'Education*, adreſſées à l'auteur des réflexions détachées fur les traités d'éducation inférés dans le Mercure de Février de la préfente année 1782, imprimé à *Bouillon*.

A

me le connoissant le mal, s'il a l'air de désespérer de la cure, sa maladie autant que le sentiment d'effroi dont il a été frappé en retraçant
le tableau de nos mœurs & de nos loix, a
trompé ses lumieres & voilé à son esprit pour
un instant les ressources; son désespoir patriotique n'en est que plus louable, mais l'habile mé-
decin qui désespere du malade, jette l'alarme.

C'est donc moins pour le critiquer & pour
triompher de sa sensibilité, que pour me parer
de l'intérêt très-précieux que celle-ci doit donner
à l'éducation nationale que j'ai à proposer.

Si le mal dans les loix & dans les mœurs
d'un état est si grand, qu'il soit reconnu par
ceux mêmes capables d'y remédier, par les ressources de leur esprit ou de leur génie, (pour
peu qu'ils y fassent attention), c'est sans doute
pour un bon citoyen une noble entreprise de
profiter de leur propre lumiere, pour consoler
leur sensibilité patriotique, quand elle les a pour
quelques instants égarées.

Mais qu'il me soit permis d'observer qu'il ne
faudroit peut-être jamais dire à l'homme : *Votre
cure est presque désespérée, cet effort à faire
vers le bien ou vers le mieux est devenu impossible.* Ces manieres de parler sont funestes, elles
flétrissent & énervent le courage d'un gouvernement. L'homme lui-même peut tout; encou-
rageons-le, comblons le, soyons lents à le punir,
prompts à le récompenser, infatigables à l'animer
& à l'instruire, dédaignons de le tromper.

En rendant donc hommage au mérite politique & aux choses bien vues de l'auteur des
Considérations générales sur l'Education, qu'il

(3)

me soit aussi permis de n'être point d'accord
avec lui sur plusieurs principes importants, &
de la considération desquels dépend la manière
de bien procéder dans l'établissement d'une éduca-
cation nationale, qui doit faire l'objet de cet
essai.

Je prends donc la liberté d'être contraire au
sentiment de l'auteur de la brochure, en lui rendant une justice bien méritée.

1°. En ce que je pense & crois, que la *nature* seule ne fera jamais *de vrais grands hommes* ; en effet, outre les causes physiques qui
peuvent déterminer le jeu des organes dans les
entrailles des meres, modifier leur intensité,
ou leur foiblesse, former leur parfait accord,
il en est une infinité dans le cours de l'allaitement
d'un enfant qui concourent à la formation morale de l'individu ; tels que la constitution physique de la nourrice, sa plus ou moins grande
attention, ses refus, sa dureté constante ou ses
caresses ; son abandon, toutes ces considérations
préparent l'énergie plus ou moins grande du
futur éleve. Un livre & des remarques sur cette
premiere éducation nous manquent en physique
& en morale ; tout à cet égard, est livré au hasard. L'on a recours au mot *nature*, pour exprimer les causes des observations qu'on n'a pas
voulu faire.

2°. Une culture bien entendue, ainsi qu'une
bonne éducation, doit aider au développement
de l'esprit, & jamais le contrarier.

3°. Quand le génie rompt les chaînes de
l'éducation, c'est une grande marque qu'elle a
été gothique, petite & rétrécie, telle peut être

qu'on la donne aujourd'hui ; mais si elle est bien'
dirigée , elle doit conduire le génie à un développement rapide , & ne pas le forcer à sentir
qu'on a donné des entraves à son élan , qu'il
doit prendre une route contraire pour s'élever.

4°. L'homme n'apporte point, en naissant, de
don (1), cette maniere de s'exprimer me semble tenir aux idées innées à la théologie , peut-
être aux radotages de la vieille philosophie. Il
en est de cela comme *des anges gardiens* ; ne
seroit-il pas plus vrai de dire que l'homme apporte en naissant des dispositions , une aptitude
des facultés , une tendance plus ou moins grande
vers tel ou tel autre objet , dans lequel il doit
exceller s'il le suit , & le choix dans toutes ces
choses dépend de l'instant ou le regard naissant
& timide de l'inteligence s'ouvre à la lumiere.

(2) Tels sont les principes posés dans la brochure dont est question , & que j'ose relever en
negative.

Du reste , il me paroît très-vrai qu'une bonne
éducation publique dépend beaucoup des mœurs,
& qu'elle ne doit pas être en contraste avec la
constitution d'un état ; mais qu'elle doit suivre de

---

(1) Seneque dit : » *Erras si existimes vitia* (&
devoit ajouter) *& virtutes , nobiscùm nasci , superve-
nerunt ingesta sunt.* Seneque.

(2) L'auteur de la brochure avance 4 proposi-
tions ; 1°. que la nature seule fait de vrais grands
hommes ; 2°. que l'éducation, loin d'aider au développement de l'esprit, souvent le contrarie ; 3°. que
le génie rompt toujours les chaines de l'éducation,
parce qu'elle donne des entraves à son élan ; 4°. que
l'homme apporte des dons en naissant , &c. &c.

(5)

près & fe modeler fur les progrès que fait le fiecle dans les fciences, fur-tout dans la philofophie, & à raifon de fon influence dans le gouvernement.

L'auteur des *Confidérations générales fur l'Education* en voulant comparer les préceptes & l'éducation à donner avec nos mœurs abâtardies prefque expirant, avec nos loix incohérentes, contradictoires & toujours éphémeres (en ce qu'elles font continuellement le remede à des abus ou à une néceffité dont le premier vice radical eft la fource), a été effrayé, non fans raifon, de voir fi peu d'efpoir de trouver un point-d'appui dans les loix & dans les mœurs, pour jetter un bon plan d'éducation national, & le foutenir au milieu de la corruption & de l'inftabilité ; je dirois, de la bigarrure & de la confufion des loix, de la frivolité des mœurs. Ce bon citoyen a fait un tableau frappant, mais indirect de la pofition où nous fommes à ce fujet, dans le 18e. fiecle. Perfonne n'étoit peut-être plus en état de développer cette objection, contre l'efpoir d'une meilleure éducation à établir, avec cette fagacité & cet intérêt au coin duquel femble frappés tous fes écrits. Il faut convenir qu'il a vu avec fagacité les contraftes qui pouvoient contrarier les principes de la meilleure éducation, & la rendre nulle par la fuite, porter même un venin corrofif fur les meilleures vues. D'un autre côté, il fait fentir que ces loix, ces mœurs nationales étant elles-mêmes viciées, ne peuvent fervir de bafe & de modeles, & que difficilement elles feroient les protectrices d'un etabliffement qui leur reffembleroit si peu. Cette objection maniée avec éloquence seroit sans doute désespérante, pour paroître au premier coup-d'œil *trop bien fondée* ; s'il n'étoit pas naturel de consoler l'homme, de l'encourager par l'espérance & le sentiment du mieux. Le mal n'est pas si éloigné du bien & du mieux qu'on le porte ! Si ce principe n'est pas démontré à l'esprit, il est de persuasion de sentiment, & ses conséquences sont démontrées par l'expérience journalière. En effet, si le gouvernement veut refondre les mœurs, ne doit-il pas commencer par refondre l'éducation nationale, en intéressant les pères & mères dans leurs propres ouvrages. Bientôt le changement sera insensible, & il aura le temps de travailler sur lui-même, à mesure qu'il recevra dans son sein les nouveaux élèves. Il élaborera ses loix & ses mœurs, en simplifiant les unes, & en donnant plus de ton, de dignité & de sainteté aux mœurs, qui font les sauve-gardes & les garants de ces mêmes loix.

Or, ce qui résulte plus particulièrement de ces *Considérations générales sur l'Éducation*, c'est qu'une éducation nationale est d'une nécessité absolue : que c'est presque la seule porte ouverte à la *réforme des mœurs des loix, & à la perfectibilité des sciences & de tous les arts* ; que c'est par là seul que la nation *peut perfectionner son agriculture, son commerce, & devenir illustre & florissante*. Et si ce que j'ose avancer paroissoit insuffisant, que l'on jette les yeux sur l'éducation que l'on donne encore dans les écoles aujourd'hui, sur les principes de morale & les colifichets, les petits riens qu'on nous vante avec·

jactance, & l'on ne fera pas furpris de nous
voir aujourd'hui chercher le pole qui doit diriger le plan d'une réforme. Nous fommes comme 'des nautonniers égarés en mer, par les fauffes lueurs & le mauvais goût de cette philofophie, qui ne refte plus parmi nous que comme
un monument d'architecture gothique, qui at-
tefte l'antiquité de notre nobleffe, & miraculeu-
fement l'ignorance fuperftitieufe & dangereufe
de nos peres. Les vraies découvertes que nous
avons fait en morale, en phyfique, & dans l'hiftoire naturelle, ont amené la tolérance, & cette
fufpenfion majeftueufe de l'ame, qui appelle tous
les fens à jouir, quand le fiecle de maturité eft
venu : elle offre à toutes les nations le repos &
le loifir du fage, que l'erreur ou l'illufion ne doit
que prêter ! Deja la révolution eft faite dans la
conftitution des plus grands etats, & c'eft de
ce changement lentement amené par les fiecles,
que réfulte *la* NÉCESSITÉ *d'un* NOUVEAU PLAN
D'ÉDUCATION, qu'il eft même commandé comme
force majeure, qui a fait tomber les préjugés,
la doctrine de l'école dans une efpece d'aviliffe-
ment & de mépris, en forte qu'à ce jour l'on a
détruit en partie cette ancienne méthode, ces
vieux procédés fans indiquer avec juftefle ce qu'il
y avoit à leur fubftituer de raifonnable & de
propre à faire une grande nation & des eleves
qui deviennent de grands hommes dans tous les
etats.

Il eft plus difficile d'effacer dans un jeune
cerveau fatigué & plein de chimeres, que d'é-
crire fur des tablettes fraîches, neuves ou rafes,
avec un burin mâle des vérités éternelles &
fenfibles.

A 4

C'eſt par l'éducation que ſe meúrit une nation, qu'elle acquiert des mœurs, de l'équilibre dans la grandeur, & qu'on prévient les cataſtrophes & les erreurs populaires ſi dangereuſes, qu'on perfectionne tous les arts & toutes les ſciences, pour réſiſter à la corruption devenue à ſon comble, en donnant vigueur, aliment & activité à toutes les connoiſſances dont l'homme eſt ſuſceptible. C'eſt par elle qu'il peut perfectionner ſon eſprit & améliorer ſon cœur ; car l'ignorance & l'erreur ſont pere de tous les crimes, & l'homme ne naît point méchant ; le ſcélérat n'eſt qu'un MAL–ADROIT, un IGNORANT, ou UN IMBÉCILE.

J'ai reçu, comme tous les éleves de mon ſiecle, peut-être la plus fautive éducation de précepteurs & d'inſtituteurs de colleges : ils l'ont donnés à moi & à d'autres de la meilleure foi du monde, & avec la plus ferme croyance qu'ils étoient dans les bons principes.

L'uſage de cette éducation adoptée par le gouvernement, autant que par la ſuperſtition du temps pour les vieilles routines, les a ſurabondamment juſtifiés dans mon cœur.

D'autres & moi, nous ſommes entrés dans le monde, & nous avons vu avec ſurpriſe qu'il nous a fallu changer péniblement nos idées & leur rapport : qu'il nous a fallu ſecouer la bourſoufflure de l'école. Ce monde fut un nouveau Gymnaſe, dont nous avions à peine la plus foible notice, même ſur les choſes les plus uſuelles. Cependant nous avions à le parcourir, & les meilleurs eſprits, ceux à qui ce plan d'éducation avoit ôté le moins de juſteſſe, ſe ſont peut-être apperçus qu'on ne leur avoit donnés dans les colléges que des palettes, des pinceaux & des couleurs ; & qu'au bout de 6 à 8 années de scholastique, ils ne sçavoient encore que barbouiller avec une noble suffisance.

Sans doute quelques êtres privilégiés formés par des lectures dérobées & clandestines, par un trait (1), par un exemple, par un événement, s'écartant de la marche servile & vulgaire d'un pédantisme compassé, se sont émancipés de bonne heure à se choisir de vrais modeles, en secouant le joug d'une institution mal reglée, & il n'est pas merveilleux que ces êtres aient fait par la suite des sujets remarquables & distingués : mais c'est une exception privilégiée, & il n'est pas moins vrai de dire qu'il leur a fallu refondre leur éducation, leur préjugé, & que le seul fruit qu'ils en eussent tiré a été peut-être d'être susceptibles d'une plus grande attention, (car à esprit & à génie égal, la tenue dans l'attention détermine toujours la supériorité) : devenus plus applicables & plus laborieux, ils ont été bientôt excités à perdre les préjugés de l'éducation premiere par le désespoir même de n'avoir rien appris.

Cependant si on fonde l'éducation nationale

----

(1) Pascal, par l'obstination de son pere à le détourner des éléments d'Euclide pour le rendre à l'étude de la profession qu'il lui destinoit, devint mathématicien.

Le célebre Vaucanson devint machiniste pour avoir été en pénitence dans une chambre où il prit plaisir à démonter une pendule, &c. &c. &c.

sur des préjugés faux en eux-mêmes, il est nécessaire que toutes les actions de la vie, les ouvrages de l'esprit, les sentiments mêmes du
cœur s'en ressentent. Il suffiroit de définir ce que
c'est que préjugé, pour faire sentir le danger de
ne la pas fonder sur des principes & des vérités
vraies & durables.

Le préjugé est un jugement que nous avons
formé autrefois, lequel est resté dans notre mémoire, & dont, sans examen, nous tirons des
conséquences comme d'un principe reçu & certain : or il y a plusieurs sortes de préjugés ; il en
est de fondés sur un examen sérieux que notre
esprit a fait autrefois, les preuves ne restent pas
dans notre mémoire ; mais nous avons un souvenir sûr, quoique confus, que ce qui est l'objet de ce jugement précédent a été examiné.

Ces sortes de préjugés sont des ouvrages du
raisonnement, & communément des guides certains dans la conduite de la vie.

Il est d'autres préjugés qui sont établis dans
notre esprit sans aucun examen & sans réflexions.
Nous sommes susceptibles d'une infinité de préjugés de cette espece, & si nous ne nous gar-
dons de ces jugements précipités par une continuelle attention sur nous-mêmes, nous sommes
en danger de le remplir des erreurs les plus gros-
sieres, & de tomber dans une infinité de faux
jugements qui en sont les suites nécessaires. Les
plus ordinaires de ces jugements précipités sont
ceux que la passion nous fait porter, ou qui sont
un effet de la confiance que nous avons en certaines personnes, confiance aveugle ! qui nous
fait embrasser leur opinion sans examen ; il n'est

presque pas de jours que ceux qui vivent sans
attention sur leur jugement, n'en fassent de semblables, dont l'amour-propre nous empêche souvent de revenir.

Les préjugés de l'éducation sont de cette espece. & ce sont les plus dangereux de tous,
parce qu'outre qu'ils ont été formés sans examen
& sans réflexions. (réflexions dont on n'est pas
ordinairement capable dans l'enfance ou dans la
jeunesse), ils sont nés & crus pour ainsi dire
avec nous; ils forment souvent comme une seconde nature; & si nous ne faisons de sérieuses
réflexions sur nous-mêmes, ils nous entraînent
impérieusement dans de faux jugemens. Déjà
on les place au rang des principes les plus évi-
dents, des maximes les plus certaines; on tire
des conséquences de ces préjugés avec autant de
suffisance & de hauteur que l'on feroit des no-
tions les plus claires; de là vient que les mœurs,
les habillemens, les manieres différentes des autres nations paroissent si ridicules aux yeux de tel
autre peuple. Ces esprits bornés ne sçauroient pen-
ser qu'on puisse être autrement vêtus, vivre &
agir autrement que les François! j'ose même dire
qu'il n'y a personne, parmi celles les plus capables de réflexions & les plus attentives à réformer
ces sortes de jugemens, (fruit d'une éducation
peu raisonnable), qui n'en conservent, malgré
elles, quelques teintures; notre imagination frappée represente sans cesse ces préjugés à notre
esprit, nos sens fort accoutumés à en servir
l'impression, & enfin le préjugé victorieux &
tyrannique est une des trois reines du monde.

(1) Il me femble que les inftituteurs des derniers colleges de ce fiecle n'ont pris à tâche de
créér que trois fortes de fujets ; *des cœnobites,
des prêtres & des princes.* Ce dernier caractere
d'éducation eft même paffé en proverbe, (*il eft
élevé comme un prince*, dit-on) ; mais c'eft
peut-être être très-mal éduqué, pour n'être qu'un
citoyen, qu'un gentilhomme, ou un grand fei-
gneur. J'obferverai même que c'eft ufurper le
mot de l'éloge, lorfque la chofe n'exifte peut-
être pas encore. Sans connoître les échelons pour
y parvenir, fans fçavoir s'arrêter dans les différents grades d'une éducation bien entendue, pour
fe donner le temps de fixer fur chaque rang de
la fociété les bornes de cette éducation fage &
raifonnable : elles ne doivent point être outre-
paffées ces bornes pour le bonheur des fujets,
leur utilité & celle du prince qui doit les gouverner.

Il eft donc vrai, Monfieur, comme il m'eft
arrivé de vous le dire mille fois qu'un bon
traité d'éducation, applicable aux différentes
conditions des hommes n'eft point encore fait ;
que la perfection feroit de parvenir à ce but ;
c'eft par ce feul moyen qu'il feroit poffible de
càfer, d'approprier, pour ainfi dire, les citoyens
aux places qu'ils peuvent ou qu'ils doivent un
jour remplir en les décidant par leurs propres
intérêts : d'atteindre ainfi à une certaine per-

---

(1) Cet ouvrage eft crayonné en grand, long-temps
avant que celui de Mme. la marquife de Genlis
parut. L'auteur a admiré les moyens utiles & le détail employé pour perfectionner l'éducation des princes.

fection dans toutes les claffes , d'affurer le bonheur des individus ainfi que celui de l'état qu'ils
compofent.

En effet , la vraie perfection n'eft pas de tout
embraffer, cette manieie , je dirois prefque cette
manie, étoit , & eft peut-être encore une bourfouf-
flure de l'efprit qui divife l'attention de l'inftituteur
ou de l'inftitué , en forte que l'imagination de l'éleve
échappe au burin. Elle fait toujours manquer la bafe
fur laquelle doit porter l'inftruction & l'éducation de tous les hommes, de-là vient peut-
erre qu'aucun ne fe trouve à fa place , & cette
deplaifance dont les premieres inftitutions font
le germe, tourmente les hommes toute la vie ;
le pere, chagrin & inquiet , cherche à fon fils
un état différent du fien ; celui-ci, à fon tour ,
n'en eft pas plus heureux, vit dans un état
forcé , & meurt inconfolable de n'avoir pas été
quelque chofe de plus (1).

L'éleve, par exemple, né d'un tempérament
brûlant , ne trouve dans l'éducation moderne
aucun aliment, aucun modérateur raifonnable ;
il finit par épuifer fes efforts fur des objets vuides de fens ; il fe porte avec frénéfie tantôt au
bien qu'il ne fçait pas placer, tantôt au mal
qui caufe fes écarts, & ce ne font que ceux de
fon éducation ! fon effervefcence & fon inquié-

____

(1) La différence des tempéraments exigeroit , ce
femble, autant de foin particulier. Il faut donc embraffer toutes ces différences fous un même point de
vue d'inftitution , affez utile, affez important, affez
univerfel, affez profond pour les intéreffer & les occuper toute la vie utilement.

aude naturelle ne feroit-elle pas l'effet du vuide des alimens qu'on a offert à fon tempérament ? c'eſt cependant celui-là qui porte dans fon ame le germe du grand homme, & qui peut-être un jour, (ſçavant par fon expérience) remettra en fonte fon éducation.

Jean-Jacques Rouſſeau nous a laiſſé des commencements précieux pour refondre l'éducation nationale ; mais maltraité par la fortune, aigri & dégoûté par les mœurs de la génération préſente ; dans fon déſeſpoir, il écrivit avec fierté pour les Sauvages à civiliſer : fous ce rapport, il a peut-être écrit pour toutes les nations, mais pour aucune en particulier.

Jean-Jacques Rouſſeau tient fans doute dans fes mains le fil d'où l'on doit partir pour fonder une éducation nationale. Madame de Genlis ne me paroît avoir écrit que pour les grands ſeigneurs & les princes à corriger ; il faut ſçavoir un gré infini à cette dame pleine de mérite, d'avoir verſé le ridicule à pleines mains fur les anciennes méthodes, fur les manies du bon ton, & les travers auxquels font livrées les éducations particulieres, depuis qu'on veut déſerter les anciennes éducations : *Dum caribdin vitas, ne incides in fillam !* mais perſonne n'a encore écrit pour les ſociétés civiles & exiſtantes, de maniere à donner des formules nettes & préciſes, applicables aux différentes conditions des gouvernements ; il paroît même que ceux qui prennent ce foin fi noble & fi louable vont en deçà ou au delà du but, ſoit qu'ils particulariſent ou généraliſent trop leurs idées, ſans ſaiſir les objets qui doivent être privative-

ment la matiere fondamentale d'une éducation
nationale ; d'où il suit dans le particulier qu'il
n'y a guères que l'homme qui ait eu l'art de
conserver l'énergie de son attention, assez libre
& assez indépendante pour s'élever au dessus
d'une éducation adultérine & fautie dont il secoue journellement les débris , qui se soit re-
fondu lui-même, & brille dans les différentes
sociétés. Il n'y a que cet homme qui puisse passer pour être bien élevé dans chaque classe, dans
chaque membre de la société existante.

Il sera facile de se convaincre qu'il doit presque tout à lui-même, & je dois croire qu'il est
sans doute en grand nombre (cet homme) !
mais encore seul n'a-t-il pu tout faire , même par
sa surveillance & ses réflexions profondes. Peut-
être sera-t-il assez modeste pour avouer qu'il lui
reste toujours un ancien levain, un côté foible
par lequel il est à découvert, ainsi qu'il se voit
dans un jeune arbre qui a reçu un bon tuteur
trop tard.

Ce seroit presque une folie de soutenir sérieu-
sement que la nature toute seule fait les grands
hommes, quelques-uns ont peut-être accrédités
ce préjugé flatteur ; car une imagination forte a
beaucoup d'empire sur la plus foible.

Tout le monde sçait que dans les préjugés
communs dans les conventions avouées , des
ancêtres illustres & nobles font des gentilshom-
mes de leur postérité , mais la nature toute seule
ne fait pas plus de grands hommes, qu'elle ne
fait de grands criminels ou de grands scélérats !
les uns & les autres sont pétris de la main de
l'éducation, déterminés par les exemples, par

les épreuves, l'expérience, & préparés par de
petites circonſtances preſque imperceptibles. Laiſſons donc fumer ce grain d'encens ſur les autels
de la flatterie, & livrons cette maniere de voir
à l'amour-propre, ou à la déclamation.

La nature donne des diſpoſitions plus ou moins
grandes, ſuivant le tempérament dont elle nous
a doués : en général, on en connoît de trois ſortes, qui ont un caractere marqué, & qui ſont écrits
ſur la phyſionomie de l'individu, ſous des tein-
tes ineffaçables ; ſçavoir, le tempérament ſan-
guin, le flegmatique & le bilieux, car le mé-
lancolique & le pituiteux ſont, ſuivant le ſentiment des plus grands médecins, une dépravation ou une combinaiſon de ceux-ci, le plus ſouvent encore une ſuite du climat qu'on habite,
de la ſaciété, des malheurs ou du dérangement.
Cette obſervation manque preſque à tous ceux
qui ont donné des préceptes & des regles d'é-
ducation, j'allois dire des regles de gouvernement. Tels ſont cependant les caracteres & les
nuances qu'emploie la nature dans la compoſi-
tion des individus. Celles qui dominent déterminent le caractériſtique. Dans un chacun de
ces combinaiſons du degré de teinte qu'elles
fourniſſent, (ſi l'éducation ou les exemples frappants dans la jeuneſſe les modifient) il en réſulte
la proclivité, le goût, l'inclination à tel ou tel
acte, vers tel ou tel objet, ou l'inaptitude, l'in-
ſouſiance, l'inſipidité ou la molleſſe ; la nature
broie ces couleurs, & nous naiſſons avec le caractériſtique, la teinte de quelqu'un de ces tempéraments.

Mon deſſein, Monſieur, n'eſt certainement
pas

pas d'ofer faire un traité fur ces tempéraments, & de calculer leurs nuances ainfi que le célèbre Newton a calculé celles des couleurs dans la lumiere (cela eft au-deffus de mes forces, & ce foin eft réfervé à quelqu'un plus habile que moi); mais celui qui entreprendra cet ouvrage, trouvera fur la route tous les grands & petits hommes à la mode (1). Ce feroit peut-être aller trop loin que de fixer des formules, à l'aide defquelles on pût les reconnoître & leur prédire leur deftinée : loin de nous ces crayons, il me fuffit de marquer à grands traits les vrais principes & les obfervations fur lefquelles on doit conduire une education qui foit humaine, inftructive, civile & patriotique.

Mais il étoit néceffaire de faire marcher cette difcuffion dont les réflexions doivent préparer au Plan d'Education national que j'ofe propofer.

Vous verrez, Monfieur, qu'il ne peut être exécuté que par un gouvernement bienfaifant, & qu'il aura cet avantage d'être invinciblement recherché par tous les individus de la nation, donc aucun, en particulier, n'eft affez riche pour fe flatter d'en faire les frais avec la même magnificence & le même fruit pour les éleves. CETTE SEULE CONSIDÉRATION EST DU PLUS GRAND

---

(1) Il feroit à fouhaiter que quelqu'un s'attachât à faire une échelle graduée des tempéramens par relation aux climats, de ce qu'ils perdent ou de ce qu'ils gagnent fous ce rapport, ces connoiffances regardent la médecine & la morale ; mais auparavant il faudroit faire celle des degrés de probabilité métaphyfiques, phyfiques & morales.

POIDS DANS SES CONSÉQUENCES ! alors le gouvernement ACQUERRERA des droits irrévoca-
bles & éternels sur la reconnoissance des individus
qui composent l'état, sans que les éducations puissent lui être onéreuses, par la ressource qu'il aura
d'en donner les privileges à l'émulation des instituteurs des différentes classes de citoyens & dans
les différents ordres.

Quant aux provinces, il la fera rendre par
les provinces elles-mêmes, qui, composées de
peres de familles, s'échaufferont vivement le
cœur sur le plus grand intérêt de leurs enfants.
Les parlements, CES PERES DE LA PATRIE, feront les premiers à changer les anciennes directions :
dans les colleges établis ! de toutes parts l'émulation du bien annoncera à toute la terre, qu'il
ne se trouve jamais plus de vertus que parmi
les nations que l'on croit les plus corrompues !
tant il est vrai que tous les abus conjurent le
mieux ; les excès semblent ramener les hommes
à toutes les vertus correspondantes, sinon de fait
& tout de suite, à coup sûr, de sentiment & de
cœur ; & c'est dans cette fiere & noble confiance que j'ose présenter mon Plan d'Education
national à ma patrie ! je m'y suis livré parce
que je suis pere, j'ai osé la publier parce que
je suis fidele sujet de mon prince autant que bon
citoyen. Si elle daigne accueillir cet essai avec
indulgence, elle rendra justice à mon cœur, & je
serai doublement récompensé.

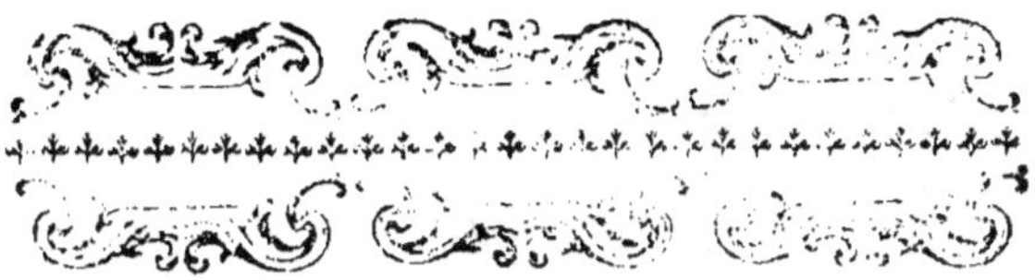

PLAN D'ÉDUCATION

GÉNÉRAL ET NATIONAL,

OU

LA MEILLEURE ÉDUCATION

A DONNER AUX HOMMES.

AVANT-PROPOS.

RIEN de si difficile en général que de détruire les abus qui ont jetté de profondes racines, il faut plus que du courage, pour rompre en visiere les préjugés établis, c'est avoir fait un grand pas dans la carriere, des réformes en tous genres, que de s'attendre aux obstacles & aux préjugés qui s'opposent à l'exécution du bien qui se fait lentement, tandis que le mal plâne, pour ainsi dire, avec une liberté dissolue, sur les têtes des foibles mortels qu'il subjugue & entraîne, comme par habitude, à sa suite. Un de ces obstacles est, 1°. le préjugé qui résulte de quelques paradoxes avancés dans Emile, par cet homme qui eut en partage l'éloquence du cœur, & qui en a fait le roman. Je démontrerai contre le célebre & trop sensible

B 2

Jean-Jacques la *poſſibilité* & *l'intérêt* d'une éducation nationale.

2°. Je combattrai le dégoût & l'eſpece d'éloignement où paroît être le gouvernement de revifier les bonnes mœurs par l'intérêt tout-puiſſant de l'amour & de la bienveillance paternelle. Je prouverai qu'il faut que l'enfant les trouve en naiſſant, comme l'oreiller ſur lequel doit repoſer ſa tête, que les bonnes mœurs font les bonnes loix, que l'éducation nationale eſt le gage réciproque de l'un & de l'autre.

Réfutation de quelques Paradoxes de Jean-Jacques Rousseau.

» *Faire un homme*, dit Jean-Jacques, &
» *un citoyen à la fois c'est chose impossible* «.
Auparavant que d'avoir lu les ouvrages divers de
cet auteur, je m'étois persuadé que l'on ne pouvoit point concevoir d'hommes proprement dit,
hors l'état social; que l'homme sauvage absolu
étoit un être de raison ! s'il en a existé (comme la chose est possible), il n'a pu être mis
qu'au rang de la brute. Dès que l'homme
existe , il s'aime lui-même , ses besoins &
son intérêt le portent à vivre en paix AVEC DIEU,
AVEC SA CONSCIENCE ET AVEC LES HOMM S,
tel est le principe qui constitue l'homme moral.
L'homme réduit au physique n'est point homme
dans le sens moral & intellectuel.

Si Jean-Jacques a voulu entendre qu'on ne
pouvoit former en même temps un homme &
un citoyen (par rapport au vice de notre civilisation, laquelle s'étant éloignée des proportions
& des mesures sages de la nature, ne rectifie
un abus que par un autre) ; son sentiment est
affligeant sans être négatif : mais si l'on a voulu
dire qu'il n'existoit point un plan de civilisation
auquel nous touchons, qui réunit ces deux avantages à un degré de perfection éminent, c'est
une absurdité, c'est avoir dit que l'homme n'a-
voit pas cette aptitude, & que la qualité de ci-

toyen dégradoit la qualité d'homme , tandis que
cette première est la perfection de l'autre , l'homme n'est homme que par la société & la civilisation. Il naît avec toutes les aptitudes physiques , même celle de vivre dans l'eau, s'il y
étoit allaité par sa mere : les douleurs de celle-
ci dans un pareil enfantement seroient moins
grandes , & l'enfant deviendroit plus robuste.
Dans les entrailles de la mere, il vivoit dans
l'eau , & les cris qu'il jette en changeant de milieu, ne proviennent peut-être en grande partie
que de la douleur qu'il éprouve par la trachée ,
qui , dans les entrailles de la mere , gouvernoit
le battement du cœur; elle se referme tandis
que les poûmons se dilatent sous l'impression du
nouveau milieu où il vient de passer : l'enfant
souffre donc de la part de l'air une nouvelle
violence.

(1) Quand bien même l'homme naîtroit en-

---

(1) Les idées exaltées dans les femmes grosses
peuvent être comparées aux effets de la fermenta-
tion dans la terre pour varier les formes, ainsi les accidents du soleil varient le tissu des fleurs , & conséquemment leurs couleurs.

Une femme, à Vitry-le-François, accoucha de deux
enfants qui étoient collés dans la position de ceux
qu'elle avoit vu jouer à *pet-en-geulle.* Journal des sa-
vants , Février 1707.

Le pere Malbranche rapporte nombre de faits aussi
frappants. *Traité des études.*

L'on trouve dans le Traité des monstres par *Jean
Palfind,* anatomiste de Gand, imprimé à Liege 1708,
pag. 268 , chap. 24, que Madelaine Sarboucata, tra-
vaillée de la fievre , ayant tenu par le conseil de sa
voisine une grenouille vivante dans la paume de sa

drogine, il n'en concilieroit pas moins les avantages de l'homme à ceux de la société, puisque dans cet etat il aimeroit son fruit. Si le premier homme le fut, il dût chérir sa nombreuse progéniture: cette espece, (*produit* d'une nature vigoureuse & d'un climat heureux) ne dût pas long-temps subsister par un principe même de sociabilité, qui lui faisant goûter les plaisirs partagés, ne les lui fit trouver que plus sensuels & plus délicats. Le jeu de la nature, le mélange des especes, l'imagination des meres vivement frappée sépara bientôt les sexes, & multiplia les rapports sociales.

C'est peut-être de cet ancien état qu'il est resté à l'homme deux mamelles : qui oseroit nier que dans un cas de nécessite, l'homme n'ait nourri l'enfant de l'épouse chérie, à laquelle un accident, une maladie, dans des climats éloignés, refusoit du lait. Combien d'hommes robustes, *suivant M. de Lignac*, dans son *Tableau de l'Amour conjugal*, partagent les causes, principes de la nutrition, ces sources de vie, ces canaux de sociabilité naturelle ne se détournent qu'à leurs désavantages, &c.

L'histoire de ce vieillard nourri dans un cachot par la fille encore vierge, est une analogie bien moins surprenante. On falsifie les livres, on denature les faits ; mais les vérités de la nature, ses issues, ses ressources, ses stigma-

---

main, avec obligation de l'y garder tant que la grenouille y seroit attachée, caressée de son mari dans ce moment, conçut & accoucha d'un enfant qui avoit la tête d'une grenouille, &c. &c. &c.

tes ont un caractere indélébile, & toutes ces conjectures vraisemblables pour quelques-uns, convaincantes pour d'autres, fournissent des preuves en faveur de la sociabilité.

Pourquoi Jean-Jacques veut-il donc qu'il puisse exister des hommes hors de la société ? je crois bien que l'homme égaré & solitaire a pu devenir sauvage par l'habitude, mais ce qui en est résulté est encore une preuve victorieuse contre le sentiment de Jean-Jacques. En effet, les fables des anciens sur l'existence de *Phaunes*, des *Driades*, des *Satyres*, des *Silvains*, des *Capripédes*, des *Centaures*, des *Minautores*, ne sont peut-être que l'histoire de cet homme, qui, ne pouvant faire société avec les semblables, l'avoit fait dans des déserts immenses avec des animaux ; c'est peut-être l'histoire étonnante de quelques contrées dans les premiers ages du monde ! la nature ne semble s'attacher qu'à faire des individus, le mélange seul paroit faire les especes ; or, combien d'especes résultantes de ces mélanges ont disparues de ce globe par l'effet de la sociabilité, combien d'autres existent encore sans nous surprendre ? ce désordre apparent qui a, sans doute, dû procurer des rencontres sanglantes, n'a fait qu'accélérer la perfection de la sociabilité & de la réunion des hommes en corps ; la même espece, plus industrieuse comme pas foible, s'est armée contre des races si féroces, si redoutables & si disparâtes, elle a su les dominer.

Leur destruction seroit-elle une époque pour la civilisation, pour le triomphe d'une espece plus parfaite ! de-là, les Perses, les Thesés, les Hercules, sont devenus des Dieux qui ont purgé la terre , & les feuls noms de ces productions éphémeres (qui ont peut-être fervies de milieu pour graduer l'echelle des êtres) font des renfeignemens , des preuves fur la *fociabilite* naturelle à l'homme : ces noms des *Pfaumes* , des *Satyres* , des *Sylvains* &c. ne fe trouvent plus aujourd'hui que dans les chants lyriques des Grecs & des Latins pour égayer leur fenfualite , chanter le plaifir & fon energie ; il fût encore doux & piquant pour ces poëtes aimables, & libertins d'amufer leur imagination & celle des autres , de l'hiftoire des excès qu'on ne retrouve plus , ou de parler de monftres, improprement dit, qu'on n'auroit plus à craindre.

L'homme gravite vers la fociabilité, comme les corps céleftes vers le centre de leurs fyftêmes. L'homme abfolument fauvage doit paffer en morale pour un être de raifon, fon exiftence eft infiniment difficile dans le phyfique , & tient toujours à des événements extraordinaires & rares, &c.

L'exiftence de l'homme fauvage de Jean-Jacques Rouffeau eft un paradoxe cynique, décoché contre les conftitutions humaines par un beau genie, dont le cœur nourri de romans (1) , aigri par l'infortune , avoit tourné l'efprit à la mifentropie, lui feul a pu méconnoître cette difpofition de fa tête exaltée par la fierté qu'infpire le

---

(1) Jean-Jacques Rouffeau avoue lui-même qu'étant enfant, il lifoit à fon pere tous les romans poffibles, auxquels ils prenoient tous deux grand plaifir. Sa vie eft la plus extraordinaire ; fes confeffions en font le dénouement !

défefpoir d'un malheur conftant ; s'il eut perdû fa haine, il eut perdu fa confolation & fon ener- gie : fes paradoxes fur l'homme font des énig- mes qu'il a donné à dévorer à la génération dont il étoit mécontent. Du refte, il ne fut point d'être plus prompt à rejetter fur autrui l'amertume & les humiliations que lui caufa fes infortunes & fa fierté cynique ; il a fans doute fait briller des étincelles de lumiere par fes farcafmes atra- bilaires, en marchant armé des traits de Charon & de Montaigne ; les grandes vérités qu'il a dites jufques dans fes farcafmes cruels lui affureront l'eftime de la poftérité. Soyons moins féveres, plus juftes, mais n'oublions jamais d'être confo- lants & utiles ; félicitons l'homme de n'être homme que par la fociété, par la civilifation, l'une eft la protectrice de fa foibleffe, lorfque l'autre doit être le miniftre de fes befoins & de fon induftrie !

Leurs avantages font incomparables fi elles font unies par des liens réciproques & un intérêt commun. L'un & l'autre créent à l'homme, j'oferois dire de nouveaux fens, mille nouveaux rapports ; elles étendent la fphere de fon activité, fon imagination s'exalte, fon efprit s'agrandit ; il s'égare dans les autres pour fe trouver plus grand, plus puiffant lui-même ; fes jouiffances fe mul- tiplient avec fes rapports, fon être s'ennoblit, & fi la douce illufion s'en mêle pour le tromper, balancé par elle, bercé ou conduit par l'aimable & riante folie, il n'a fouvent befoin que d'un demi-jour pour être parfaitement heureux !

Difons que les avantages de la civilifation font innombrables, la civilifation eleve l'homme, & fi elle lui crée de nouveaux befoins, c'eft que ces

besoins préparent, affaissonnent des plaisirs nouveaux, des jouissances nouvelles; elle nous recherche de nouvelles facultés, elle gradue &
exalte nos sens dans les progressions les plus in-
sensibles, les plus délicates. Enfin, il faut en
convenir. La civilisation nous donne l'art de vivre
un siècle en quelques instants, tandis que la vie du
sauvage n'est en comparaison qu'une vapeur légere, un sommeil léthargique & passager! l'existence de ce dernier laisse à peine des traces réfléchies par son imagination, sa vie est une erreur, & son prétendu bonheur ne peut être loué
que par le désespoir.

Jettons nos regards au loin, & sous la main
créatrice de la civilisation, tous les enfants des
arts s'agitent, le marbre s'anime, la toile res-
pire, le fer brille, la terre ouvre son sein fécond, elle prodigue les trésors enfouis dans ses entrailles & dont elle nous avoit fait un si inutile lar-
cin (1), dans la bouche de l'homme, l'éloquence
frappe, persuade, entraîne, triomphe, la poésie est un talisment! la perfection de la voix,
les modulations de la musique font un charme
puissant, son œil suit ces mondes qui se balan-
cent majestueusement sur nos têtes; il en calcule
l'élévation & la marche, en analyse les rapports
& les effets. L'homme civilisé a surpris la nature
dans son laboratoire, & nous révèle audacieuse-
ment ses mystères! oui, la fable merveilleuse &

____

(1) Si l'homme n'avoit trouvé le fer, s'en seroit-
il moins battu à coup de massue ou à coup de pierres.
S'il n'avoit trouvé l'or & l'argent, il eut pris pour
signe représentatif des monnoies les coquillages, comme
il est d'usage chez certains peuples. Sa cupidité n'eût
fait que changer d'objet.

fugitive eft à peine une figure légere, un fym-
boîe effacé de tout ce qu'il exécute. Les merveilles du Promethée des anciens fe réalifent ; il
nous feroit croire, à coup fûr, à leurs Dieux fan-
taftiques ! au moins femble-t-il avoir dérobé leurs
autels & l'immortalité !

Si cependant l'homme fauvage ne différe
pas de la brute, fi fon exiftence eft douteufe &
prefque impoffible , du moins rare , tandis que
l'homme dont l'attribut diftinctif eft la fociabilité & la raifon qui en eft inféparable, acquiert par la civilifation un développement fi
merveilleux , dont ma plume n'a crayonnée qu'une
efquiffe imparfaite : comment Jean-Jacques a-t-il
pu faire des partifans en ofant avancer ces fophif-
mes ; » il dit qu'il faut opter entre faire un homme
» & un citoyen, qu'on ne peut faire l'un & l'autre
» à la fois , que l'homme naturel eft tout pour
» lui, qu'il eft l'unité numérique, l'entier ab-
» folu , qui n'a de rapport qu'à lui-même , OU
» A SON SEMBLABLE «,

1°. Ce dernier mot eft vifiblement une co-
tradiction choquante avec ce qui précede. Ne
fuffiroit-il pas d'une relation pour juftifier toutes
les autres, & leur néceffité qui doit croître en
raifon , donnez des befoins & des fecours que
peut emprunter l'homme de fes femblables.

C'eft parce que l'homme eft tout pour lui ,
c'eft-à-dire, qu'IL S'AIME INFINIMENT LUI-
MÊME, que fon intérét le porte à vivre en paix avec
Dieu , avec fa confcience, & avec les hommes
fes femblables. L'amour de foi & les befoins
font donc la bafe de la civilifation comme ils
le font de la morale.

L'homme s'aime dans la femme qu'il s'est choisie, dans les enfans, fruits de sa tendresse, telle est la base & l'union sacrée des familles.

L'homme s'aime dans ses concitoyens, qui lui ont juré protection. Voilà le fondement du patriotisme.

(1) Il s'aime dans l'ensemble de la grande famille des êtres raisonnables & instruits, dont il tire des secours, sa sûreté, sa conservation, voilà la source de cette bienveillance universelle, d'où découlent plusieurs autres especes de bienveillance ; en un mot, le bien que l'homme fait à la société, sous quelques métamorphoses qu'il se reproduise, n'est absolument qu'une réproduction, un effet, une modification de l'amour de lui-même, bien entendue & bien dirigée. » Mais, continue Jean-Jacques, » l'homme civil n'est qu'une unité fraction- » naire qui tient au dénominateur, & dont la » valeur est dans son rapport avec l'entier qui » est le corps social «.

Sans doute si l'homme sauvage ne differe gueres de la brute, dans cet état, si l'on ne peut le mettre au rang des hommes, & si son exis- tence est difficile & contre-nature, l'homme ci- vil est un entier, & le sauvage à peine une unité fractionnaire. L'homme ne se suffit pas à lui-même ? un ordre de devoir l'enchaîne à la société dès sa naissance ; il gravite vers l'état so-

---

(1) La perfection de l'education nationale, son triomphe & celui de la vraie philosophie & des lu- mieres doivent être d'inspirer cette bienveillance & d'en raisonner les motifs, ce qui ne peut se faire qu'en étendant les connoissances, & en développant les rapports de l'homme avec tous les êtres qui l'entou- rent.

ciel, comme notre planete vers le foleil : fi elle pouvoit ceſſer de graviter, qui fçait fi elle ne fe diſſoudroit pas ? de même le ſauvage dont Rouſ-ſeau fait un entier abſolu périroit. L'homme qui gravite vers la ſociété continuellement, ne perd pas pour cela ſa liberté ; au contraire, il l'exerce par ſes connoiſſances & ſon choix, & ce choix décide de ſes vices ou de ſes vertus : SI LOIN D'EN ABUSER, l'homme s'aime, il ſe doit dans ſa ſphere au maintien de l'harmonie ſociale primitive : il en trouve le modele dans l'union du pere & de la mere de qui il prit naiſſance. Il puiſa (1) dans le ſein de cette union ſacrée ſa premiere activité, cette harmonie eſt pour lui le foyer de la loi naturelle. Que cette loi ſacrée n'exiſte pas ! Qu'eſt-ce qui feroit capable de retenir le ſcélérat qui raiſonne ? Faites diſparoître la diſtinction du juſte & de l'injuſte (qui a pour baſe inébranlable l'ordre qui regne dans la nature, cette bienveil-lance & cette tendre affection qui portent les êtres les uns vers les autres). Tout eſt renverſé ; je puis fouler aux pieds ce qu'il y a de plus cher, mais je dois frémir ; car je ne ſuis plus que le ſauvage de Jean-Jacques : c'eſt-à-dire, un monſ-tre exécrable, ou la brute qui végéte.

La loi poſitive n'eſt que le ſupplément de la loi naturelle ; ſi celle-ci n'étoit démontrée exiſter dans tous les cœurs qui ne ſont pas dépravés ; oui pour l'intérêt du genre-humain, il la faudroit controuver ; ce feroit le cas d'ériger des autels à

-----

(1) Rien de ſi magnifique que ce paſſage du pſeau-me : *Cœli enarrant gloriam Dei & juſtitiam ejus.*

qui auroit couvert nos yeux d'un voile épais, &
séduit notre intelligence par un mensonge sacré
& salutaire ; mais c'est le seul cas où il eut été
besoin de mentir à tout l'univers.

N'est-il pas évident que la nécessité du droit
naturel dérive perpétuellement du besoin que
l'homme a de la société. Le premier sentiment
à sa naissance, est celui du besoin ; la premiere
sensation est la douleur. Tout l'enchaîne dès son
entrée à la vie ; il périroit s'il falloit qu'il se suffise
à lui-même. Qu'on le suive dans tous les âges ;
dans l'enfance, il périroit s'il étoit abandonné ;
dans l'adolescence, il se heurteroit par-tout, &
périroit avant d'avoir mis à profit son expérience ;
l'âge viril ne le soustrait point à la dépendance
& aux relations nécessaires des êtres ; dans la vieillesse, il a besoin de tout le monde, & il tient
bien davantage à la société, des secours de laquelle il a infiniment plus de besoin.

Je voudrois que l'amour de la société & de la
patrie suivît les PROGRÈS ET LES DEGRÉS DE
L'INTELLIGENCE. L'union qui en doit être l'effet
est reglée naturellement par certaines loix d'une
piété filiale, qu'on doit appeller le code de la nature.

En un mot, le bonheur de l'homme est dé-
pendant de la bienveillance universelle ; l'homme
seroit détruit, s'il pouvoit en être autrement.

Quiconque change les rapports qui sont avec
les êtres ou y renonce, doit être puni par son
inquiétude & ses remords. La loi naturelle se fait
justice, & le supplice des infracteurs d'une loi :
le cruel remords la justifie pleinement !

Passant à l'application de ces principes, personne ne peut disconvenir que la premiere loi

que la nature impofe à l'enfant eft de dépendre
de fa mere, dont il a reçu la confiftance de fon
être, & continue à en recevoir la fubfiftance ; donc
la premiere habitude & l'état naturel à l'homme
eft la dépendance ; donc dès l'inftant de la naiffance, l'acte de fociété eft commencé, la nature
en a marqué, ordonné & gradué les progrès.
L'homme naît donc focial. Il peut par la fuite
rompre cet accord, être ingrat, oublier fa reconnoiffance (comme tout s'oublie de la même
maniere que tout s'acquiert) ; mais cet état aura-
t-il moins fubfifté ? La mémoire peut-elle s'en
perdre fans retour ? Sera-t-il moins l'ouvrage
de la nature ? L'homme naît donc focial, comme nous venons de le dire, & l'éducation ne
fait qu'étendre, maintenir, fortifier & perfectionner ce moyen qu'emploie la nature.

Mais, dit-on, la civilifation crée les vices, &
les vertus, en augmentant nos rapports, nos relations, elle augmente nos befoins & nos peines:
conféquemment elle ne fembl pas l'état le plus heureux de l'homme. Enfin, il eft des êtres dans l'état
focial qui croiffent & meurent, ayant été extrê-
mement malheureux, fans qu'on puiffe dire qu'il
y ait de leur faute ? Ne vaut-il pas mieux pour
eux naître fauvages, ou ne point encore être !
Telles font les objections redoutables qu'on fait
contre la fociabilité & la civilifation ; il me paroît
facile d'y répondre.

1°. Je conviens que l'état focial nous crée des
befoins, mais auffi il nous procure des plaifirs, au
moins dans la même proportion ; (c'eft-à-dire
vrai) des jouiffances encore plus grandes & plus
délicieufes que ces befoins ; il conftitue la moralité

lité de nos actions , il développe la douceur des
relations & leur harmonie ; il crée par les rapports nos vices & nos vertus, nos plaisirs & nos
peines ; il peut augmenter la somme de nos mi-
seres , mais il peut faire de l'homme un être
supérieur. Enfin, il étend son ame, lui procure
des **avantages** incomparables , celui de mener
une vie active, variée, occupée & inappréciable. La vieillesse , sous ses auspices, nous sur-
prend avec la fraîcheur des idées de la belle
jeunesse. Ayant vecu des siecles en quelques années , mourant dans l'espoir le plus doux de vivre
encore. Tout bien considéré avec les moyens que
l'état social nous procure , il dépend toujours de
l'homme de diminuer la somme des douleurs &
des peines par la *frugalité* , la *tempérance* &
le *travail* , pour augmenter celle de ses plaisirs
en goûtant la douceur paisible de toutes les vertus qui perfectionnent l'existence ; car les vertus
ne font vertus, c'est-à-dire, ne présentent des
efforts à faire que contre des habitudes viciées ,
& qui nous ont écartés de la nature. Écartez
les peines & les travaux de l'humaine nature ;
les plaisirs & les jouissances absolues ne per-
droient - elles pas bientôt ce nom ? Un sommeil de langueur nous consommeroit, & nous
ne recueillerions d'une pareille fantaisie qu'amer-
tumes. Le bonheur de l'homme est dans le devoir , le plaisir est , si l'on veut , une pause, son
excès une folie , une ivresse qui tourne toutes les
têtes dans le bel âge ; c'est un sylphe léger , enfant des peines, quelquefois des longues douleurs ;
c'est un libertin fugitif qui promet le bonheur,
ne tient presque jamais parole , & ne paroît être

que pour quelques inſtants ſur la terre , peut-être
n'a-t-il d'exiſtence que dans l'agitation de l'ame.
Heureux celui qui regle cette agitation , & ſait
en profiter , pour jouir par la moderation & par
des privations volontaires , cette économie eſt
la ſuprême ſageſſe , fruit ordinaire de l'expérience
& de l'âge !

En effet, *le bonheur* & le plaiſir ſont le but
& la récompenſe des travaux & des peines, le
délaſſement de l'étude & de la fatigue, le ré-
pis des douleurs & des angoiſſes ; ils fuient qui
les cherchent , & s'offrent plutôt qu'ils ne ſe
donnent à qui ne les attendoient pas ; qui veut
les fixer ne doit point les méconnoître , toujours les effleurer , les économiſer , jamais les
épuiſer , ni les approfondir.

La main économe de la nature a donc placé
le plaiſir à côté de la peine, pour le faire valoir. La peine le rendra plus piquant, plus va-
rié ; craignons ſon engoûement dangereux ; les
plaiſirs ſans les peines procureroient la langueur,
l'inſipidité , la conſomption , peut-être le déſeſpoir & la mort. Ménagés, ils raniment, re-
nouvellent, pour ainſi dire, notre exiſtence,
prolongent les beaux jours ; c'eſt un vent frais
qui ſoulage du poids de la chaleur, *c'eſt le fleuve
Léthée des anciens*, qui fait oublier tous les
maux de la vie. Pour les vrais plaiſirs de la
vertu & de la contemplation, pour ceux qui
donnent une bonne action, le temps s'arrête,
il n'a plus de ſucceſſion, ce vieillard indocile
& jaloux n'a plus d'ailes ! La réminiſcence eſt
un préſent quand ſon miroir ſe peint en beau ;
mais l'inſtant de la vive & vraie jouiſſance que

donne la vertu, une bonne action vaut peut-
être une immortalité.

Peines, souvenirs, plaisirs, espérances, jouiffances, toutes ces modifications de notre frêle
& merveilleuse existence mesurent le temps avec
économie, le nuent, le marquent & l'emploient:
les douleurs, les peines & l'espérance le prolongent, les plaisirs & les jouissances l'abrégent &
le consument, l'existence des uns sans le con-
cours des autres ne se conçoit pas, leurs excès
dérangent l'économie animale, rompt les ref-
forts, & souvent nous égalent au néant : tandis que de nouvelles formations, de nouvelles
générations nous menacent de toutes parts, &
preffent dans la carriere nos pas poudreux, les
plaisirs mélangés aux peines, occupent seules dignement notre existence.

Il est donc incontestable, & l'on ne peut trop
le répéter contre les philosophes atrabilaires &
fombres, que si la société augmente nos befoins infailliblement, nos peines & nos facrifices, elle doit dans la même proportion enrichir
nos facultés & leur rapports, nos sens & nos
jouissances, & à coup sûr elle agrandit notre
être par ses rapports infinis ; elle est donc l'é-
tat de perfection de l'homme, & c'est toujours
la faute de son éducation quand il en est autrement.

L'homme, ou, si l'on veut, le sauvage privé
de la société, rentre dans la condition triste
de la brute ; il est refferré par les befoins les
plus étroits ; sa légéreté, la finesse de ses sens
le restreignent dans un cercle d'idées monoto-
nes & infiniment borné ; que le soleil de la

civilifation paroiffe, fes fens, fes relations nouvelles en font un être adroit, intelligent & furprenant, fon être s'agrandit. » *L'homme n'a
donc pas de rapport qu'à lui-même*, comme
l'a prétendu l'inftituateur d'Emile, » *il n'eft point
*» *l'unité numérique, l'entier abfolu*; il tient à
toute la nature, qui eft la collection des êtres (1);
fes befoins, fa confervation le lient intimement
avec elle; toute autre idée eft une abftraction
qui n'exifte point dans la réalité. Il faut convenir que l'homme focial dans la fabrication de
fes loix factices a pu s'écarter de celles de la
nature, les reftreindre, les oublier ou les ou-
trer en les noyant dans une vaine métaphyfique, dans des habitudes & des ufages bizarres.
Mais des obfervations mieux faites ramenent
journellement la civilifation à un point de perfection d'autant plus grand, que le motif eft
plus éclairé par la philofophie née dans ce fiecle; car nous ne faifons que fortir des langes,
& il n'y a gueres que nous touchions à la barbarie.

2°. Il eft également facile de confoler l'être
malheureux qu'une infortune conftante femble
pourfuivre; que fi fa fenfibilité vient à l'égarer
par le triomphe du fcélérat barbare qui le perfé-
cute, il doit fe reffouvenir que la faine morale,
& toutes les vertus, repofent fur deux colonnes
inébranlables.

1°. L'exiftence d'un être fuprême, rémuné-

____

(1) C'eft ce qui a fait penfer à plufieurs philofophes que Dieu avoit créé tou ces chofes pour l'homme
feul; qu'il étoit l'objet *très-borné* du créateur, ce qui
ne me paroît pas exact ni vrai.

rateur & puniſſeur du crime ; 2°. l'immortalité.
Tout nous démontre la première & divine exiſtence ; elle nous pénetre & agite tous les reſſorts
de notre frêle & merveilleuſe exiſtence. Les ſcélé-
rats Néron, Cromwelle, &c., &c., &c. nous
démontrent l'exiſtence de la ſeconde , & l'on
peut s'écrier (d'après CLAUDIEN dans ſa dia-
tribe contre Ruffin) que le ſeul ſupplice d'un
autre Ruffin ſuffiroit pour juſtifier l'être par excellence : *Supplicium Rufinii abſoluiſſè Deos*
(*Claudium in Ruffinium*); mais, à parler phi-
loſophiquement, Dieu ne nous doit plus ce miracle. Il ſuffit au méchant d'être tourmenté toute
ſa vie par le remords & les malheurs inévitables
du déréglement ou de la cruauté.

QUE le dogme ſoit court & vraiſemblable ,
que la morale ſoit pure & ſimple , appropriée
à l'humanité dont elle doit être la bienfaitrice,
qu'elle ſoit le ſoleil qui doit conduire le citoyen ,
aſſurer ſa marche conſolante , ſa récompenſe &
ſon regard , alors on réunira tous les avantages,
tous les ſuccès qui peuvent porter la civiliſation
au plus haut degré de perfectibilité.

Oſons dire que l'on ne peut être homme ſans
être ſocial, ou apprendre à l'être ; deſirons qu'on
ne puiſſe ni ne doive l'être ſans être citoyen &
patriote ; & pour produire cet effet précieux,
rendons ces deux prérogatives cheres au bonheur
de l'eſpece humaine. Ô ma patrie ! qu'il vaille
mieux être le dernier de tes ſujets, fidele à ta
voix , que chef de ſauvages chez les Albinos
dans les Indes ou dans le Kamshatka.

Laiſſons dire au célebre Jean-Jacques » que
» celui qui dans l'ordre civil veut conſerver les

» ſentiments de la nature , ne ſçait ce qu'il
» veut «. Ce ſentiment ne peut trouver de par-
tiſans que dans les cœurs égoïſtes ; il faut auſſi
avouer que toutes inſtitutions civiles mal appropriées à celle de la nature & à ſa marche ſage, produira cet effet fâcheux ; les inconſéquences dans
les loix , leur exigence forcée & empyrique contre le vœu de la nature , ont produit des effets
bizarres & perdus les mœurs ; celles-ci égarées,
tout le reſte fut facile à ébranler ; ayez de bonnes
mœurs & une morale à la portée des hommes,
ſur ce cannevas oſez dicter des loix , & vous n'au-
rez qu'à vous défendre de l'amour-propre, & de
la trop grande ſécurité que pourra produire en
vous la proſpérité de votre empire , le bonheur
de vos peuples & le vôtre. &c.

Les bonnes inſtitutions ſociales , » dit Jean-
Jacques, *ſont celles qui ſçavent le mieux dénaturer l'homme , lui ôter ſon exiſtence abſolue pour
lui en donner une relative , tranſporter le moi
dans l'unité commune, en ſorte que chaque particulier ne ſe croye plus un , mais partie de l'unité,
& ne ſoit plus ſenſible que dans le tout. &c.*

Quoi ! les bonnes inſtitutions ſociales ſont celles
qui ſçavent mieux dénaturer l'homme ? Mais ce
raiſonnement n'eſt rien moins que philoſophique ;
l'homme de tout pays naît dans la ſociété, il n'eſt
homme que par les rapports de lui à celle-ci, de
celle-ci à lui ; hors de là , s'il pût exiſter, il fut
la brute perfectible par ſon organiſation comme
mille autres du plus au moins ! Il fut une exception qui va confirmer ce que je vais dire :
on définit l'homme un ANIMAL RAISONNABLE,
ſi un haſard peu croyable le jette parmi les ani-

maux, dès sa naissance la premiere qualité naturelle qui est l'animalité, étouffera, ou offusquera par une préponderance habituelle & impérieuse la seconde qui est la rationabilité. Celle-ci (vu la pente qui nous incline vers la terre) a bien plus besoin d'être exercée & développée que la premiere ! Concluons donc que la raison n'est donnée à l'homme que pour lui faire distinguer & aimer son semblable, enfin l'éclairer sur la maniere de s'aimer véritablement lui-même. S'il foule au pied le droit de toutes les autres créatures, qu'oseroit-il prétendre par cette orgueil ? leur haine ou sa destruction prochaine sans doute ! S'il entoure son existence de cadavres que fera-t-il ? s'il l'entoure d'ennemis que deviendra-t-il ?

Pourquoi donc de nature en l'homme qui naît naturellement pour la société ? & si vos institutions politiques l'ont dégradé ? est-ce une raison pour le ranger, par sa nature, dans la classe des animaux sauvages ?

Pourquoi perdroit-il son moi si l'intérêt même de ce *moi* est recueilli & conservé par des instituteurs appropriés à l'espece humaine par des institutions sages. Plus son *moi sera entier en lui*, plus il connoîtra ses vrais intérêts, plus il s'aimera ; plus il aimera le corps social qui le lui en conserve les bons effets, plus *il chérira le maintien* de l'harmonie qu'il a trouvé établie ; elle est pour lui le foyer de la loi naturelle, sa sauve-garde ; il a besoin de la société, il fait corps avec elle, & plus il conservera son moi entier en supposant une société bien ordonnée, plus il sera sensible dans le tout. Les bonnes institutions sociales n'ont donc pas besoin de dénaturer l'homme ;

elles le forment, l'attirent, l'alléchent & le conservent ; *l'avare vouloit qu'on le pendît si l'on ne
retrouvoit pas sa cassette* ; Rousseau, après avoir haï
toute la race humaine, avoit poussé l'effort sublime
jusqu'à se détester ; qui ne voit que par-tout Rousseau a pris du vicaire Savoyard les principes de
la haine pour premier principe de morale, & qu'il
sera demeuré deux mois de trop au séminaire de
Chambery ! l'amour de soi-même bien entendu
est le lien de toutes les sociétés & le sceau de
toutes les vertus, morales, civiles & patriotiques. J'aime cette fable sublime de *l'œuf d'où
sortit l'amour qui vivifia l'univers.* La haine ou
l'abnégation de soi, mis en principe, n'attira
que des malheurs, & ne fit que des malheureux.
Le sublime effort du tyran est d'anéantir l'homme pour le subjuguer par lui-même ; celui de
l'être bon par excellence, a été de le vivifier d'a-
près l'intérêt de sa plus douce existence, de son
plaisir & de son bonheur. Dieu ne fit pas l'homme pour le haïr, ou Dieu se démentit d'une manière inintelligible & bien trop sublime pour de
foibles mortels.

» *Néceffité & avantages d'une Inftitution pu-*
» *blique : Réfutation des doutes fur la poffi-*
» *bilité de fon exiftence.*

» **L**'INSTITUTION *publique*, dit le célebre
» Jean-Jacques, *n'exifle plus, & ne peut plus*
» *exifler, parce que où il n'y a plus de patrie,*
» *il ne peut plus y avoir de citoyens. Les deux*
» *mots patrie & citoyen doivent être effacés*
» *des langues modernes, j'en fçais bien la rai-*
» *fon, mais je ne la veux pas dire, elle ne*
» *fait rien à mon fujet*, ajoute cet auteur.
» *Mon Emile*, dit Rouffeau, *eft un homme*
qui fera tout ce qu'on voudra : ajoutons, *& qui*
ne fera rien en particulier, mais qu'eft-ce qu'un
homme dont on fera tout ce qu'on voudra, & qui
n'eft préparé à rien privativement. C'eft un égoïfte
qui ne fera foumis à rien, ne voudra rien être ; ce
fera dans nos mœurs un être très-bizarre, un cynique & un égoïfte par principe ; ce fera le fauvage de Jean-Jacques qui tient à la fociété par fa
haine beaucoup plus qu'il n'y eût jamais tenu
par l'amour de foi.

J'ai ofé entreprendre de crayonner les moyens
de faire des hommes en même temps citoyens
utiles & patriotes.

» Mais fi l'inflitution publique n'exifle pas ?
» ne peut pas exifler. s'il n'y a plus, ni pa-
» trie, ni citoyens, fi l'un & l'autre de ces
» mots doivent être effacés des langues moder-

nes «. Il faut briser ma plume ou offrir à mes concitoyens les rêveries d'un honnête homme qui feront comme tant d'autres continuellement impraticables, tellement que les perfonnages du plus grand mérite ne pourroient y croire, & conferveront une prévention qui va de paire avec le blafpheme que prononce Rouffeau contre les fociétés & la patrie.

L'Education nationale n'exifte pas ? Cela n'eft nullement vrai, elle exifte en France même, mais imparfaite, & fe donne fur de fauffes méthodes à contre-fens contre la nature dans plufieurs gymnafes établis par le gouvernement; elle peut donc exifter, & être rectifiée fans beaucoup d'efforts, & d'un mot, c'eft l'affaire de quelques mois, pour que tout porte fur des chofes vraiment utiles.

» Quoi ! il n'y auroit plus de patrie ni de » citoyens, ces mots facrés doivent être effa- » cés des langues modernes, Jean-Jacques en » fçait bien la raifon, & ne la veut pas dire, » parce qu'elle n'entre point dans fon fujet «; mais, quant à moi, j'aurois le plus grand intérêt de la fçavoir.

1º. Pour défabufer ceux qui ofent répéter cette erreur. 2º. Pour démontrer fon cynifme & fon injuftice. O généreux chevalier d'Affas ! quand, entouré de toutes parts des horreurs de la mort, on vous en menaçoit fi vous proferiez un mot, vous ne vous en écriates pas moins : *A moi Auvergne !* Il y eut pour vous une patrie ! pour vous, il fut des citoyens ! & quoique vous mourûtes généreufement pour tous deux, vous viverez à jamais dans la mémoire des uns & des au-

tres ! Il n'y auroit plus de patrie, plus de citoyens pour ces généreux François qui vont exposer leur vie à travers mille dangers, combattre l'ennemi de l'état ? il n'y a plus de patrie
& de citoyens pour ces généreux magiſtrats,
pour ces miniſtres zelés & ſages, qui journellement ſacrifient leurs plaiſirs & leurs ſantés à
leurs concitoyens, au bonheur de la patrie & à
la gloire du prince ?

» Enfin, *le nom de patrie* & de citoyen doi-
» vent être effacés des langues modernes (dit
» Jean-Jacques) j'en ſçais bien la raiſon ; mais
» je ne la veux pas dire, parce que je ne veux
» former qu'un homme, & non pas un citoyen,
» ni un patriote, ni rien en particulier, quoique
» mon Emile ſoit propre à ce que l'on voudra «.
Mais moi qui veut former l'homme & le citoyen
utile, en même temps l'homme patriote, j'aurois grand intérêt à la dire cette raiſon ; elle eſt
affreuſe, elle eſt épouvantable, Rouſſeau ne l'a
pas dite, le génie des empires devenu ami de
l'humanité & de la paix, ami de la ſaine philoſophie l'a deviné ! En France, à l'aurore de la
philoſophie, on l'a vivement ſentie, notre jeune
roi, des premiers, a donné l'exemple à pluſieurs têtes couronnées de l'Europe qui enché-
riſſent, à l'envie, ſur l'amour des peuples & les ſentiments de l'humanité ; il eſt donc pour nous une
patrie, ſon temple & ſes autels ſont dans le
cœur d'un bon monarque. Elle eſt dans le
cœur des bons rois, dans l'ame des bons gouvernements.

Déſeſpérer de la vertu, négliger d'y diriger
les hommes, c'eſt commander l'egoïſme particu-

lier , nonchalant & cruel. J'ose avancer que pour détruire une pareille opinion , un gouvernement doit lutter même contre toute espérance de succès , comme il doit le faire contre les mauvaises mœurs ; car Jean - Jacques , dans cette occasion , calomnie les citoyens , la patrie & les rois. Tant que l'on doutera du succès de la restauration des bonnes mœurs, du succès d'une éducation nationale , des bonnes réformes , ces seuls doutes, ces seuls tatonnemens offriront un obstacle insurmontable; il n'y aura plus de patrie , plus de citoyens. En effet! si le patriotisme est naturellement dans le cœur de nos rois , & que le citoyen soit attaché à la patrie , en général , par une bienveillance universelle , par un amour de son être bien entendu , plus particuliérement par un commerce réciproque & paisible des besoins & des secours habituels de la vie , c'est que toute cette merveilleuse composition tient aux loix naturelles , aux principes primitifs & éternels : elle est dans l'essence & l'organisation des ouvrages de l'être suprême! Ce sont les conséquences résultantes de la bienveillance universelle de la nature , de ses soins conservateurs qui sont imités par la mere! Elle nourrit , elle caresse cet enfant, fruit de ses entrailles: imités par les chefs des cités, ils pourvoient aux besoins, à la tranquillité, au plaisir , au bonheur même des citoyens qui sont dans *leurs dépendances* : imités par les grands rois, ces rois , chefs d'une vaste famille , s'en *regardent* comme les peres, en ce que la patrie , cet ensemble heureux , riche & bien conservé fait toutes leurs forces, leur gloire & cette puissance même, dont ils

font fi jaloux! en forte qu'ils s'aiment eux-mêmes infiniment, & de la manière la plus fage, la plus
forte, s'ils font couler de leurs mains la confervation, le bienfait, le bonheur, l'activité &
la vie dans ce grand corps qu'on appelle l'état.
Ainfi l'adoption chez les Romains imitoit la nature dans fes effets facrés & louables ; la royauté
imite la paternité dans les fiens, & il ne faut
point fe faire illufion ; c'eft le plus folide, le plus
glorieux, mais le plus magnifique *de leurs titres!*
Puiffent-ils en connoître la valeur, & écarter les
vains preftiges de la flatterie ! Elle dérobe aux
enfants de la patrie cette affection des grands
rois qui eft leur plus cher héritage ; elle ofe faire
les uns dupes & les autres victimes.

PROPOSITION.

PARAGRAPHE DEUXIEME.

Quand bien même un gouvernement civi-
lifé auroit de mauvaifes mœurs, de mauvaifes
loix, il n'en feroit que plus intéreffé à reformer
l'éducation, fi elle étoit mauvaife, pour obtenir de
bonnes mœurs & de bonnes loix, & à établir
une éducation nationale pour en foutenir la gloire.

Regner, c'eft avoir dans le cœur l'amour de
l'ordre & de la bienfaifance univerfelle ; c'eft
connoître par excellence l'art de l'économie des
parties & de la diftribution ; c'eft faire couler
d'une main des bienfaits placés & répandus
fi à propos qu'ils remontent continuellement
comme l'ambroifie & le pur encens d'une terre
fertilifée, tel eft l'hommage d'un peuple heu-

reux ! Il n'appartient qu'à un bon roi, qu'à un excellent prince de boire dans cette coupe de félicité, c'est le plus grand bonheur que puisse avoir un mortel. Titus-Trajan & Marc-Aurelle y trempoient leurs levres, Henri IV la convoitoit, & il n'y but jamais qu'il ne fût ivre de joie, d'enthousiasme & de plaisir.

Si nos rois pensent & regnent ainsi, comment ceux sur qui ils se reposent doivent-ils gouverner ? ou du moins quel exemple propice & imposant.

Tout gouvernement qui veut être riche & bienfaisant, florissant, durable & magnifique : tout monarque qui veut être puissant, heureux & adoré n'y parviendra donc jamais que par une recherche studieuse dans l'art de rendre heureux tous les individus en les préparant par l'éducation nationale, les disposant, les casant avec la même tendresse, les mêmes soins, la même prévoyance dont useroit un pere de famille envers les enfants !

(1) L'art de réformer la mendicité, l'oisiveté, &, s'il faut le dire, d'établir la vraie finance, (qui ne fut jamais de l'argent, lequel n'est que le signe ; car la chose est l'agriculture, le commerce, les arts, l'industrie & les autres avantages) : cet art de la finance & des réformes

---

(1) Il est un beau problème en finance dont je connois la solution : réduire l'impôt sur le peuple au tiers, & doubler les revenus du roi, rembourser ainsi un milliard en trois ans ; mais il faut avoir le secret de la puissance exécutive, une bonne conscience & un grand courage. Mon rêve valoit celui d'un autre ; actuellement ils se ressemblent.

est celui de faire circuler rapidement un fleuve de bien & de richesse du peuple au prince, & du prince au peuple, d'éviter les frottements & les engorgements dans cette circulation.

Mais cet effet ne peut avoir lieu sans que chaque individu soit destiné de bonne heure par une éducation parfaitement appropriée à l'attelier, au genre du commerce, à l'emploi, à la place, au rang qu'il doit occuper, au rôle qu'il doit jouer dans le monde ; dans tel état sans qu'il en puisse embrasser d'autre, il faut que ce soit un effet de son choix, de son goût, si l'on veut qu'il serve utilement & sans relâche son prince & sa patrie.

Les hommes sont unis pour leurs besoins, leur utilité, leurs plaisirs, & leur conservation, en échange de ces choses qu'ils obtiennent de leurs associations ; ils doivent obéir & servir l'état de leurs talents, de leurs travaux, de leurs biens, dans d'équitables proportions, ne faire qu'un corps avec lui, le défendre. Il faut remplir religieusement de part & d'autre les effets de cette union qu'un concordat tacite maintient long-temps avant que la première infraction obligeât d'écrire des loix ; toutes celles qui ne furent pas une émanation de celle-ci, qui ne l'eurent pas pour modele, pour correctif, ou pour mesure, dûrent être dangereuses, vicieuses & injustes, & feront toujours ou verser des flots de sang, ou des sujets infiniment malheureux.

En effet, chaque individu ayant aliéné à l'état la portion de liberté qui ne pouvoit lui être qu'inutile & même nuisible pour jouir d'avantages incomparables, le souverain reçut le serment &

l'hommage de toutes les forces réunies ; il s'engagea à protéger , diriger vers le bien commun,
& rendre heureux ces individus ; il dût être
très-intéreflé à l'obfervance de cet engagement,
s'il voulut être heureux lui-même , inébranlable
dans fa puiffance. Tel eft le principe folide de
la prééminence & de la vénération due aux grands
rois & aux bons gouvernements, la coaction ou
l'injuftice ne firent que des efclaves.

Cette premiere fource de la grandeur & de la fûre-
té des empires eft plus pure, plus noble & plus flatteufe que toutes les vaines imaginations de la
folle flatterie , les vains & futils principes des
Machiavels & d'Hobbe , de Burlemaqui , &c.
leurs principes font plus dangereux pour les
rois que les cruautés & les fcélérateffes les
plus funeftes ! Toutes autres prétentions font
illufoires , portent à faux , & ne feroient que faf-
tueufes & méprifables , fi elles ne méritoient attention par les erreurs dont elles font la fource,
& qu'il eft fludieux de connoître pour les éviter,
fur-tout dans ce fiecle.

En effet , tant que les rois & les conquérants
ne furent que peuples , les peuples (fans fçavoir
trop comment on pourroit mieux faire , affûrés
feulement que l'on faifoit très-mal pour leur
bonheur) s'efforcerent d'être roi, de recouvrer
dans leur liberté un bien dont on abufoit , &
par l'abandon duquel on les rendoit infiniment
malheureux ! de-là vinrent les républiques, les arif-
tocraties , les démocraties , mais l'empire du pere
de famille fur fes enfants fi naturel , fut le premier exemple de vrai gouvernement, le plus
naturel , le plus approprié à l'état de l'homme.

Par-

Par-tout on a trouvé les peuples réputés sauvages ;
gouvernés par un chef ; & la chose ne peut être
autrement. Les autres espèces de gouvernemens,
beaucoup plus composés, ne vinrent que par cor-
rection des abus survenus par la faute de la puissance exécutive ; elle déclina du caractere du bon
& vrai pere de famille, &c. &c.

Chaque individu (comme nous ne sçaurions
trop le répéter), aliéna donc la portion de liberté
qui ne pouvoit lui être qu'inutile & nuisible, pour
partager & jouir des secours & des avantages
de la réunion & des forces (1), (c'étoit à l'imitation
de la nature) le souverain, ou plutôt le pere
de famille le plus estimé en reçut l'hommage,
comme il arrive souvent dans les sociétés les plus
tumultueuses après de grands désordres causés par
l'anarchie, les voix se réunissent en faveur d'un
homme en qui la valeur, ou dont l'imagination
plus forte dans le conseil & les entreprises donne
de plus grandes espérances, une supériorité sur les
autres ; soit par des actions de courage, soit par
une prestance merveilleuse & des talents plus har-
diment prononcés.

Ce nouveau souverain s'engagea à gouverner
& défendre la nation, à pourvoir à son bonheur
inséparable du sien propre. Jean-Jacques Rousseau en traitant du rapport des gouvernemens
entre eux, n'a pas pensé qu'ils prissent leur origine
dans la SOCIABILITÉ NATURELLE A L'HOM-
ME. Pourquoi ce célebre auteur n'a-t-il pas tiré son
analogie des gouvernemens sur l'exemple de celui

---

(1) La plupart des animaux s'attroupent contre l'ennemi commun, voyagent en bandes, se réunissent
pour la chasse, & contre le froid, &c.

du pere de famille ? C'eſt qu'il eut rejetté l'exiſtence de l'homme ſauvage, opinion à laquelle il s'eſt voué, mais pluſieurs eſpeces d'animaux vivent en famille, les abeilles, les fourmis, &c., Qui ſçait ſi la perfectibilité ne tient point à l'organe, & ſi l'organe imitateur ne recherche point naturel-lement des ſujets d'émulation ? Pourquoi l'homme expoſé à plus de beſoins, n'auroit-il pas eu la même induſtrie *que les animaux, & à un point plus éminent* ? Tout préjugé honnête à croire l'eſt encore bien plus à conſerver, quand il n'eſt qu'incertitude & ſophiſmes à lui oppoſer! Nous aurons ſujet de démontrer contre cet auteur la liaiſon intime dans laquelle naît l'homme avec la ſociété, du moins nous croyons déjà avoir fait ſentir qu'il ne naiſſoit pas plus propre à être ſau-vage que propre à être républicain ou eſclave du ſérail; que ſes beſoins, l'amour de ſa conſerva-tion & du bonheur de ſon être, étoient autant d'at-traits qui le portoient invinciblement vers la ſo-ciété, que les accidents qui accompagnoient ſa naiſſance, formoient ce qu'on a droit d'appeller l'homme naturel, ou l'homme civil quand il étoit le produit d'une ſociété établie, que la maniere de parler de Rouſſeau eſt une abſtraction qui iſole les termes extrêmes du moyen de la proportion.

De-là, nous concluons que dès la naiſſance la nature nous donnant un pere, une mere, l'état où nous naiſſons : l'horbe, la ſociété où nous vivons, nous donne ſes loix & ſon maître; ſi les unes ne s'é-cartent point en grand de celles de la nature, & ſi l'autre dans ſon point de vue n'eſt que le pere de fa-mille, dont le génie bienfaiſant ſe développe & couvre de ſes aîles la ſociété naiſſante, alors la

liberté prend plaifir à fe ranger dans fo devoir &
la vertu; fi le devoir & la vertu eft la première
pratique le premier exemple.

S'il étoit permis d'examiner les caufes des mauvaifes mœurs, avant de définir ce que c'eft que
les bonnes, on en citeroit quelqu'unes! L'une des
principales, eft 1°. le peu de cas que l'on fait
communément du lien conjugal ; 2°. le peu de
reffource que l'on laiffe à des nœuds mal affortis,
& qui doivent, dit-on, durer toute la vie! Le
mariage, quant à fes effets, eft du droit public;
par conféquent c'eft fur l'avantage des individus
& de la patrie, qu'il devroit être réglé; (j'aime
bien quand j'entre dans UN SPECTACLE, y en-
trer à l'étroit, & y être fi l'on veut un peu moins
bien à mon aife; mais fi fur la fin, on fait foule,
je rifque d'être écrafé; s'il n'y a, en donnant
même de l'argent, quelques portes pour fortir d'affaire) ! Je voulois dire que c'eft peut-être un
mal pour l'état, pour les individus & pour les
mœurs, que le divorce ne puiffe venir comme
remede extrême & confacré par des loix équitables, on verroit plus de femmes & d'hommes
exemplaires, plus d'enfants & beaucoup moins
de divorces, qui font de ceux qu'on appelle criminels, fcandaleux & inutiles à l'état.

3°. Il devroit y avoir certaines charges publiques
fur la tête des célibataires, proportionnées à l'âge &
aux conditions, le citoyen n'eft à l'état & ne le fert
utilement que lorfqu'il eft engagé dans des liens affortis, & à cet égard on voit bien que la plupart des
états de l'Europe n'ont jamais eu un tempérament
affez fort & affez tranquille, depuis qu'ils font SOR-
TIS DE LA BARBARIE (& il n'y a qu'un inftant!)

pour faire des réformes du premier intérêt pour eux ;
ils ne se sont point encore aimés eux-mêmes.

4°. Une cause, par hasard, de la désunion,
de l'insoufiance, de la paresse & de l'égoïsme
qui engendrent à la longue ces mauvaises mœurs,
qui detache absolument le citoyen de la famille
en petit, de la famille en grand, qui est l'état
& du maître, qui est le pere par excellence est......
Mais je ne la dois pas dire, il y a encore trop
de monde vivant de cette famille-là.

Ce qu'il y a de certain, c'est que toutes les
sources, tous les liens qui établissent les relations
naturelles & positives parmi les hommes sont
très-négligées, & devroient être infiniment res-
serrées & jamais oubliées impunément, par l'intérêt même politique du gouvernement ; ce sont autant d'engrainures pour contenir les bonnes mœurs.

Si toutefois il pouvoit y avoir dans un état quelconque une puissance, dout le principe de morale
fut établi sur la haine, ou ce qui équivaut sur l'indifférence, un principe de mépris & de détache-
ment des hommes entr'eux sous prétexte d'un bien,
d'une espérance quelconque dont elle se feroit l'auguste dépositrice, enfin qui eut le droit d'affoiblir
le lien conjugal, & généralement tous les rapports qui lient les hommes les uns aux autres, en
persuadant à ceux-ci le célibat, à ceux-là un relâchement & un dégoût dans le plaisir qu'ils
avoient autrefois à exister, exaltant les têtes par les
charmes d'une imagination contemplative. Cette
puissance très-politique dissouderoit par là à la longue
tous les liens qui pourroient attacher l'homme à la
société, à la patrie, à nos familles entieres, &
cette puissance se trouveroit de fait érigée tacite-

ment en suprême dominatrice de tous les esprits, qu'elle agiteroit & remueroit à son gré (1).

On ne pourroit calculer dans le passé l'empire d'une pareille puissance, elle auroit refroidie parmi les hommes l'amour paternel, celui du prince & de la patrie, je ne dis pas qu'une pareille puissance existe, mais en supposant qu'elle existât, même hors d'une empire quelconque, sa seul influence, son souffle géneroit prodigieusement les liens naturels & les bonnes mœurs, si elle dominoit l'Europe, elle feroit schisme en contre-balançant l'amour de la patrie.

Nous sommes obligés de convenir que la dépendance la plus juste, & qui gêne moins la liberté la plus naturelle, est celle due au pere de famille, ce premier de tous les chaînons rompus, toutes les autres relations semblent s'affoiblir & s'éloigner particuliérement dans le cas où l'éducation n'est que commencée, le fils qui se soustrait à cette dépendance légitime, vient bientôt néologiste, égoïste, & secoue dans l'occasion & à son gré toutes les autres relations. Il ne reste plus pour l'arrêter que le fouet de l'opprobre, je veux dire la censure ou la punition due au crime. Loin de relâcher de proche en proche tous les liens qui unissent les hommes entr'eux; un gou-

____

(1) L'on observera contre ce raisonnement qu'il faut qu'un état se purge, que tout empire a ses bornes, que le célibat en ôtant au gouvernement l'embarras de former des colonies c'est un soin de moins dont l'on débarrasse la vigilance en religion & en morale : ce sentiment n'est pas soutenable, c'est bien pis en politique & supposant des moyens. Bornons les empires, mais étendons leur confraternité, &c.

vernement fage doit donc les refferrer, & à leur tour, les peres de famille ou les parents doivent répondre à l'etat, des enfants qu'ils élevent pour lui, celui-ci ne doit point négliger d'acquérir fur les uns & fur les autres le droit de la reconnoiffance, en concourant à les inftruire, & leur ouvrant les tréfors de méditation qui font en fon pouvoir.

C'eft un grand malheur quand un gouvernement foible ou jaloux fe perfuade qu'en affoibliffant l'autorité des peres ou les relations intermédiaires de bienfaifance & d'amitié, il en enrichira d'autant fon autorité ! Ces vues médiocres décelent une foibleffe extrême ; & il arrive toujours qu'il manque fon but & diffous des converances précieufes ; que la partie ne fe relie plus pour perfonne. Un pareil gouvernement fe voit forcé de prendre lui-même le caractere de tous ceux qui le compofent, il finit par fe trouver dans une perplexité de moyens continuels !

En un mot, l'homme ne fe forme que par les bonnes mœurs, & les bonnes mœurs réfultent toujours de l'union des familles entr'elles. Sans les bonnes mœurs l'homme n'entre fous l'empire des loix que comme un vil efclave. Or, ou l'homme fera-t-il l'apprentiffage de ces bonnes mœurs, finon dans le fein de la famille qui en eft le temple naturel, leurs grands effets font de rendre l'homme vertueux par-tout ailleurs.

Un gouvernement fage & vraiment politique doit donc plus s'attacher à maintenir les bonnes mœurs dans le fein des familles, ainfi que l'union (a), qu'à s'appliquer à foutenir des loix que les

____

(a) C'eft une politique bien mal entendue, & diamétralement oppofée au bien du gouvernement, que

bonnes mœurs peuvent rendre inutiles ou réformer.

En effet, les bonnes mœurs appartiennent au cœur, à la perſuaſion, les loix ne font violence qu'au corps de ceux dont les mœurs ſont égarées ou corrompues.

Celui qui chérit ſon pere, qui aime ſon frere, qui honore ſa famille entiere, qui eſt fidel à ſon ami ainſi qu'à Dieu, ſera bon citoyen, & aura pour ſa patrie un ſentiment expanſif d'honneur & de reſpect, celle-ci eſt l'image en grand de la famille, l'amour de la patrie ſe fondera dans le cœur de l'eleve, & ſera d'autant plus vif qu'il aura puiſé ce ſentiment dans la ſource de l'amour paternel, ou qu'il ſe ſera allumé à ce foyer.

Enfin, les loix ſans les mœurs ne ſont qu'un vain art : pour retenir ceux qui échappent à celles-ci, elles doivent dicter ou deviner les loix. Que ſont les bonnes loix ? ſinon des remarques déliées & réfléchies, tendantes à reſtaurer & à maintenir les bonnes mœurs : elles ſont en grand les loix natu-relles du gouvernement de la famille, & les bonnes loix ne ſçauroient trop les imiter pour être parfaites.

Concluons donc avec confiance que le plus grand effort de la politique & le plus ſublime, doit être de reſſerrer en tout point les liens de la nature, & non de les aliéner; imitons-la dans la conſtitution du gouvernement; ſoyons, s'il ſe peut, par-tout comme l'être ſuprème, conſervateur & bienfaiſant. Le tableau de l'univers eſt devant

------

celle qui proſcrit les mariages entre proches parents ; il ſemble que l'on ait redouté tous les liens qui pou-voient concentrer les bonnes mœurs dans la ſociété & tous les rapports de la concorde.

nos yeux ; l'on ne tourne pas assez l'œil du citoyen, de l'homme sensible & religieux vers ce spectacle. C'est à qui y substituera son ouvrage; ses pensées, ses inventions; l'homme s'est affligé, s'est contristé, s'est dégradé, pour mieux s'idolâtrer. Point d'emblèmes plus justes de son amour propre, que la subtilité & les replis tortueux du serpent.

Si l'union des cœurs est exercée depuis l'enfance, si elle est sanctifiée dans le sein des familles par des fêtes qui devroient échauffer les vœux du gouvernement; si la qualité de père, d'époux, de parens, d'amis, si toutes les vertus qui lient les hommes les uns aux autres, par des relations avouées par la nature sont célébrées avec sensibilité & enthousiasme, l'état n'aura plus à compter que d'excellens citoyens (1).

Osons le dire avec confiance, le plus doux des réformateurs, le meilleur des législateurs, & le maître qui gêne le moins la liberté de l'homme, sont les bonnes mœurs; c'est le seul dont on ait rien à redouter. Faites agir les bonnes mœurs, fondez vos éducations nationales sur elles

---

(1) Il seroit à désirer que pour éviter les dissentions que l'intérêt doit faire dans les familles, il y ait des jugemens, des conciliateurs, & que toutes affaires fussent de juges à ce tribunal avant de passer au souverain. Il n'est point indifférent pour les bonnes mœurs & pour l'état qu'une famille quelconque s'enrichisse ou s'appauvrisse. L'amour de la patrie croît comme l'élévation des rangs, les conditions & l'utilité des états. Si cet amour sur-tout est le fruit des différentes éducations reçues proportionnellement à ces états, autrement tout est mélangé, & l'ambition déplace tout, au détriment de la chose publique. Les inconvéniens de ce désordre sont incalculables dans les résultats physiques & moraux.

& osez les laisser s'établir lentement, elles rendront bientôt la plupart de vos loix nuisibles & inutiles, elles justifieront les bonnes ; & vous en feront trouver dans toutes les circonstances imprévues de beaucoup meilleures encore.

Le cœur droit du prince devinera les bonnes loix par l'instinct que donnent les bonnes mœurs ; en effet, si la loi, comme l'ont dit plusieurs auteurs, » *n'est que l'expression du bien en général* «, le génie de la législation doit être dans le cœur du souverain beaucoup plus que dans une tête spirituelle, ou sçavamment organisée.

Les bonnes mœurs de la famille sont donc une préparation essentielle à l'éducation nationale, c'est le premier caractere nécessaire à celui qui recueille l'enfance, & veille sur elle.

Que de moyens pour donner avec succès à l'enfant tous les secours, toutes les connoissances qui doivent lier l'homme à jamais à la société & à la patrie, celle-ci est un grand tout, qui doit saisir ces engrainures, si elle veut perfectionner sa construction économique.

La patrie doit recueillir l'enfance comme un germe précieux, elle doit la soigner, se l'approprier, la former pour elle en la préparant à des rangs & des places qui maintiennent son bonheur & son harmonie, sans quoi c'est une marâtre. Tout gouvernement qui négligera ce principe n'aura jamais d'esprit national, d'assiete assurée, ses rennes seront lâches & flottantes, ses loix inconséquentes & muables, éphémeres, toujours à refaire, enfin (faut-il le dire), il y aura une anarchie perpétuelle, une division entre les parties du même tout. Le mot sacré de patrie ne fera qu'un vain nom , les individus s'en tiendront ifolés ; elle fera facile à ébranler, ou à diffoudre au moindre choc, les fermentations inteftines feront le moindre de fes malheurs ; oui ! j'ofe dire qu'il n'eft pas permis de négliger ce principe fans s'attendre à des fecouffes continuelles , fuite de l'inaptitude du défœuvrement des individus & de leur fauffe pofition. Il fera obligé de recourir à la trifte reffource de fomenter la dépravation des mœurs, le luxe & la molleffe , d'amufer la nation pour la gouverner ; il éprouvera une foibleffe extrême des révolutions dont une pareille inattention font le vrai principe. Ainfi dans Rome qui vouloit fubjuguer le peuple ne penfoit qu'à le corrompre , & cette corruption entraîna la décadence de l'empire.

Sans doute la chofe qui coûte le plus à un pareil gouvernement , c'eft de n'avoir fouvent à punir du dernier fupplice que fes propres fautes, fon défaut de précaution & de prévoyance : mais il ne doit pas lui être moins fenfible de fe voir redreffer continuellement dans fes abus & fur fes propres loix , de fomenter lui-même comme reffource , ou de voir naître dans fon fein des divifions folles, ridicules & bizarres, qui de temps à autre ont mis toutes les têtes en effervefcence. Cette épidémie bientôt tourne en une fievre lente & incurable qui mine fon énergie. Ces pofitions critiques n'attendent fouvent qu'un homme enthoufiafte & hardi , dont le caractere courageux ne puiffe tromper l'ambition & la naiffance.

Daignez ouvrir les annales du monde fur le

(59)

trifte fort des plus grands empires, vous vous
convaincrez que le peu de reciprocité du fouverain au peuple, & du peuple au fouverain, ou
plutôt que le peu de foin de l'éducation des
hommes, le peu d'attention à la tournure de
leurs idées & à leur donner de bonne heure des
opinions vraies fur leur devoir & leur dépendance raifonnable, a opéré tôt ou tard une in-
tolerance, des divifions, & enfin une ruine to-
tale, après avoir fait couler des torrents de fang !
Nous devons à la civilifation perfectionnée, à la
philofophie l'eloignement de ces temps barbares,
& dans un fiecle éclairé, ami de l'humanité fous
un bon roi, tous les cœurs font françois & fenfibles à fa gloire comme il l'eft au bonheur de
l'humanité dont il s'occupe fans ceffe par des
principes mieux entendus. Jamais il n'y eut donc
de temps plus propice, plus fortuné pour le fuccès d'une éducation nationale, foit du côte des lumieres, foit du côté de la bienfaifance & de
l'amour de l'humanité. Il réfulte de tout ce que
nous venons de dire, que le gouvernement femble avoir le plus grand intérêt, non-feulement
à la refonte des mœurs QUI SONT L'OREILLER
SUR LEQUEL L'ENFANT QUI VA NAITRE DOIT
REPOSER SA TÊTE; mais à opérer cette refonte par
l'établiffement d'une éducation nationale, dont je
vois le fond des établiffements ébauchés par toute la
France, en forte qu'il n'y a qu'à y appliquer l'ordre
des procédés moraux, & les objets claffiques tels
que je les dois propofer, fupprimer les contem-
plations métaphyfiques, pour ne plus parler qu'au
fentiment, à l'ame & aux yeux, en les excitant
les uns & les autres par la pratique, la dé-

monftration , l'expérience , moyens capables d'é-
branler & de provoquer de grands mouvements,
exciter les talents , & faire jaillir au loin le feu
du génie en le guidant fans le reftreindre & l'a-
pauvrir par la féchereffe des aliments qu'on lui offre.

Naiffance de l'Homme. Accidents qui varient
& influent fur fon caractere & dans fon édu-
cation.

L'Auteur de la nature dans l'économie des
loix qu'il a établies pour procurer le développement & la confervation de tous les êtres , a
difpofé , & a arrangé chaques merveilles qui frappent nos yeux , par relation aux individus & à
leurs efpeces. Ce grand géometre a formé un en-
femble confonnant autant qu'harmonique , qui
fans doute répond par fes proportions à une fin ,
ou à un grand tout , qui nous eft dérobé , mais
qui fixe fa contemplation fublime & la perfection
infinie de fon ouvrage. Chaque petite partie
font elles - mêmes autant de merveilles en méchanifme & en proportion , & fa magnificence
AVEC LE MOINDRE D'ACTION POSSIBLE , & le
plus fiéle moyen en apparence produit les plus étonnants effets.

L'enfant naît foible , en proie aux éléments ,
efclave malheureux de tous les êtres de toute la
nature , fa naiffance eft annoncée par les cris
& les douleurs de fa mere ; ils avertiffent la
fociété des individus fenfibles ; elle eft bientôt
confirmée par les fiens ! fes vagiffements & fes

larmes font joints à fa foibleffe extrême ; ils font
fes plus éloquents moyens pour intéreffer & mouvoir à fa confervation les individus de fon efpece, fi nous en voulons croire la fable, l'enfant toucha fouvent les bêtes féroces, il n'eft
point d'emblême merveilleux pour le peuple,
& facile à lui perfuader qu'il n'ait fon principe
dans un fentiment de fenfibilité, ou de vérité
& ne cache un fens moral fur lequel l'imagination s'étend avec complaifance. Cette fenfibilité
pour les enfants veille donc dans tous les cœurs
qui n'ont pas appris à être dénaturés, l'exemple
des animaux nous donneroit des leçons fi elle
pouvoit s'oublier.

La nature a fait naître les animaux & les
plantes avec des robes, des tuniques & des
défenfes ; l'homme qui doit bientôt les couvrir
de fon regard, naît nud, frêle & fans défenfe,
tandis que fon organifation déliée réunit toute la
foupleffe, & l'élégance qui manque aux autres,
les befoins & les foibleffes l'affiégent, le menacent dès fon entrée dans la carriere. Ces foibleffes, ces befoins qui font infiniment plus fenfibles chez lui deviendront bientôt la fource de
fon induftrie en tous genres ; ils aiguillonneront
fon intelligence, fa raifon naîtra du bel ordre
qui regne dans l'univers ; il deviendra homme,
& s'affociera pour jouir plus paifiblement &
avec plus de fenfualité à tous les biens auxquels
l'élégance de fon organifation, de fon méchanifme & la fupériorité femblent lui donner
droit de prétendre. Le fçavant abbé de Condillac
a fuivi avec fagacité la chaîne graduée du développement des fens de l'homme dans fa Pan-

dore , il a moiſſonné ſur ce ſujet les plus belles fleurs en animant ſa ſtatue. Il me paroît avoir donné par degré une idée très - perfeclible de l'ordre qu'on pourroit ſuivre dans le développement des ſenſations d'un enfant. Le riche & élégant comte de Buffon , & Charles Bonnet préparent ce triomphe par le mérite de la leur , mais le tableau de l'abbé de Condillac ſur le développement des ſenſations de l'homme ne paroît pas avoir été juſqu'ici ſurpaſſé.

Les premiers inſtituteurs de l'homme ſont donc ſa foibleſſe & ſes beſoins : ſa foibleſſe le fait paſſer par tous les intermédiaires avec leſquels bientôt il ſe meſure en acquérant des forces nouvelles ; s'il naiſſoit géant , il ne ſeroit toute la vie qu'un enfant , il naît foible pour devenir géant , dans toutes ſortes de connoiſſances : & bientôt la fable ſe réaliſe , celle des Titans ne ſeroit elle plus que l'emblême *du triomphe , de l'induſtrie de l'homme , & de ſes travaux* exaltés ? Nos ſens nous inſtruiſent de nos beſoins , ceux-ci de ce qui eſt juſte. Ces beſoins ſont donc un puiſſant aiguillon pour connoître les autres êtres , s'en ſervir , les imiter , ou les intéreſſer à ſon ſalut. La plupart des animaux deviendront les eſclaves de celui qui l'étoit à ſa naiſſance de la nature entiere , dont il ſembloit être abandonné. Mille merveilles brillent dans la fange , un ciron eſt un miracle de méchaniſme , & l'homme devient un prodige plus inconcevable.

Si dans l'éducation qu'on a à lui donner , l'art ſuivoit la nature , l'enfant meſureroit plus exactement & plus ſûrement les intermédiaires , le milieu à franchir , & apprendroit long-temps à obéir pour fçavoir mieux commander, & mieux jouir.

A fa naiſſance toutes les portes de fes fens font ouvertes, la fineſſe en eſt extrême, fon ame eſt agitée par les fenfations qui y entrent en foule, l'excès de fa fenſibilité produit les cris de l'économie animale ébranlée, mais bientôt un accablement (effet d'un combat violent), lui procure un fommeil léger & animé, qui fertiliſe fon exiſtence.

A peine les beſoins, (principe de fa confervation) fur laquelle il eſt fans ceſſe en alarme ou en défenfe, fe font-ils fentir, qu'il en follicite l'effet avec le plus touchant intérêt.

Là commencent fes premieres liaiſons, fa correſpondance premiere avec les êtres qui l'entourent. Ses membres, fes chairs débiles & tendres reçoivent les premieres impreſſions du climat; s'il eſt rigoureux, il fera robuſte; s'il eſt doux, il fera délicat, & fon tempérament premier fe forme fur ces circonſtances : la conduite de ceux qui veillent à fes beſoins, leur maniere d'agir, leur exemple préparent la moralité de fes actions, lui créent des habitudes & des goûts.

La marche de la nature eſt uniforme & franche, celle des hommes, leurs modes, leurs inventions font infiniment bizarres, dès qu'ils n'ont pas été eux-mêmes conduits par une éducation qui ait mis de l'ordre dans leur développement : cette derniere cependant détermine fes difpofitions, les développent ou en ralentit les progrès. Souvent elle les affoiblit, les retarde ou les détruit, faute d'avoir fondu la maniere de la nature dans la conſtitution actuelle. Le luxe, l'aifance ou la mifere extrême , donnent à l'enfant qui naît fes premieres leçons ; elles en font , ou un être cacochyme , ou un être délicat , ou un être robufte , par tout où il y a dépravation , foit phyfique ou morale , la nature femble mettre des compenfations , des différences , au moins notre effort devroit être que l'enfant gagne du côté de l'ame ou du courage ce que la molleffe ou notre fatisfaction perfonnelle , nos inftitutions conventionnelles , & nos faux préjugés lui font perdre du côté de la bonne conftitution.

Ces pofitions fans doute influent fur fon temperament , & bien d'autres , telles que la bonne ou mauvaife conftitution des peres & meres , l'imagination de celle-ci pendant qu'elle a porté fon fruit , la conftitution des nourrices , leur humeur & leur température , jufqu'à la faifon dans laquelle l'individu a pris naiffance , toutes ces caufes ont une influence affurée fur fa plus ou moins grande fenfibilité , fur fa complexion future , fur fes inclinations , la faifon où il naît concourt à rendre les vaiffeaux plus ou moins ouverts , les fibres plus ou moins tendus , le fang plus ou moins rapide , plus ou moins inflammable , les chairs plus ou moins fermes ; enfin la nature travaille fur ce canévas , maintient ces difpofitions dans fa marche lente & mefurée , mais uniforme , fi fon travaille n'eft altéré , accéléré , ou changé par des circonftances étrangeres par des habitudes partiques qui détournent ces directions.

De-là réfulte la variété des individus , celle de leur inclination & de leur caractere , que les moindres incidents répétés , correfpondants ou

femblables

femblables déterminent par la fuite ou modifient.

C'eſt ainſi que des fleurs épanouies fur un même pied nourricier font nuancées, le foleil femble fe jouer fur le calice de leurs feuilles dont il a furpris le tiſſu plus ou moins élaboré; il les peint les émaillées à l'œil enchanté du mélange orgueilleux des plus belles couleurs.

De même les modifications & les accidents qui accompagnent l'enfance de l'homme, diſpoſent le phyſique & le moral preſque inféparables par leur influence! Ces premiers moments exigent donc des foins importants, une falubrité & une fainteté dans les mœurs, beaucoup d'édification domeſtique, beaucoup d'union.

L'enfant a reçu fon tempérament que l'éducation doit exciter, former, tempérer ou modifier; enfin quand il a pris une certaine force, il change rarement fans de violentes fecouſſes, & une révolution dans l'individu. Il faut être habile à la prévenir, ou à la faiſir. Un jour il doit être offert à l'éducation nationale, aux autels de la patrie, comme une maſſe d'argille préparé & qui appelle la main douce & bienfaifante du potier.

La nature a voulu que l'enfance fente long-temps fa foibleſſe & fes befoins, & qu'elle foit animée du défir brûlant & infatiable de tout connoître, de tout toucher, de tout voir, même de tout détruire. Elle exerce déià fes forces, la curioſité n'eſt une foibleſſe que dans ce fauvage de Jean - Jacques Rouſſeau qui ne peut la fatisfaire, & dont l'exiſtence fugitive eſt bornée à l'inſtant qui s'écoule, qui naît, végete & meurt! Mais chez mon Emile, la curioſité eſt une vertu.

E

une difpofition , & déjà elle vient de naître de la confiance , de l'aifance, des befoins fatisfaits ! déjà fon être s'agrandit ! plus fon accroiffement eft lent & proportionné en tout , moins il eft précipité ; plus les connoiffances qu'il acquiert font folides , durables , & fe gravent profondément.

L'homme naît donc , à proprement parler , avec trois fortes de befoins qui fe fubdivifent , mais qui font bien diftincts , fe nourrir , veiller à fa confervation , & reproduire fon efpece ; de-là il eft fufceptible de trois fortes d'éducations , ou fi l'on veut d'apprentiffage.

Celle de la nature , celle des chofes, celle des hommes.

Le développement de nos organes & de nos facultés , dans telle pofition , fous tel ciel , dans telle circonftance , donne l'éducation qu'on appelle de la nature ; celle - ci n'eft que l'affemblage collectif de toutes fes circonftances , qui ont données telle direction , telle température , tel ton à la machine qui la conferve par habitude , & ce ton donné , cette habitude prife , s'appellent l'ÉDUCATION DE LA NATURE.

Ce qu'acquiert notre expérience fur la nourriture que nous prenons , fur les objets qui nous touchent , qui nous affectent , qui nous flattent, ou qui nous frappent , l'analogie & le réfultat que nous en recueillons eft l'ÉDUCATION DES CHOSES.

L'ufage de nos facultés pendant & après le développement , l'effet de leurs difpofitions dans notre méchanifme , leur aptitude naturelle , leurs libres exercices tendant à nos plaifirs & à notre confervation , à notre bonheur, pris-égard à celui des êtres qui nous entourent est l'ÉDUCATION DES HOMMES.

Par-tout où ces trois instituteurs sont en défaut ou en contraste, ou s'excluent, l'éducation est manquée ; qu'ils n'aient qu'une même fin, un même but, l'éducation est parfaite.

Le tempérament des pères & mères, des nourrices, les circonstances de la naissance, la température du climat ébaucheront l'éducation de la nature ; corrigeons celles qui peuvent & doivent l'être, perfectionnons celles qui sont perfectibles par nos soins, notre intelligence, nos mœurs, bonnes & douces ; suivons ces premiers développemens sans les précipiter : aidons leurs effets sans les prévenir, d'autres l'ont dit avant moi, le cœur d'une mere est le chef-d'œuvre de l'amour, mais cet amour doit être éclairé & tempéré pour être raisonnable, & produire de grands effets : l'enfant doit devenir patient, obtenir tous ses besoins de ses prieres touchantes, & ne jamais commander ; accoutumons-le à l'empire de la nécessité, sans lui rien refuser de tout ce qui est juste & possible.

L'éducation de la nature ne consiste nullement à changer la structure organique de nos sens, mais à leur donner cette énergie, cette souplesse dont ils sont susceptibles : arrivé à ce point, c'est à la morale à régler, tempérer & diriger leur activité : d'après ces principes dirigeons l'éducation des choses vers un but, dont l'utilité soit si grande que les objets qu'on mettra sous les yeux nous forment & nous instruisent en nous amusant dans la jeunesse, nous rendent utiles à la patrie & religieux dans l'âge virile,

nous confolent & nous occupent encore agréa-
blement dans la vieilleſſe en ne nous rendant
que plus aimables les chofes & les événemens,
les expériences fur ces chofes, les pratiques qui
conduifent au réfultat, aux effets, aux circonftances, telles doivent être les fources intariffà-
bles de la méditation, & où l'homme doit
puifer fon inftruction : l'homme qui a tout dé-
naturé, tout fophiftiqué, n'a pu alterer ces livres
vivants ; ils abrégent & font continuellement
ouverts à notre inftruction.

Que l'éducation des hommes porte toujours
fur celle de la néceffité des chofes, leur exiftence,
leur accroiffement, ou leur développement, quant
au phyfique & au moral, fur l'intérêt que nous
avons pour nos befoins pour remplir les vues de
bienfaifance de la nature, pour l'imiter, pour
nous rendre heureux, pour étendre notre exiftence, d'être bon, focial & patriote. Que le
gouvernement regarde les hommes comme
parties chéries d'un corps dont il eft l'ame &
la vie !

Que mon Emile fortant des mains de la nature foit formé infenfiblement par fes épreuves
& fon expérience, bien plus encore que par
les hommes prépofés à fon éducation, dont le
foin pur & modefte doit être de le diriger, de
l'aider dans toutes fes découvertes, en lui donnant les premiers l'exemple de bonté, de patience,
& de bonnes mœurs.

Puifque la première éducation commence à
la mamelle, que la raifon doit bientôt juftifier
la marche de la nature, ce font donc les objets
extérieurs qui doivent preparer l'enfant à être

citoyen ; ils l'euſſent fait ſauvage dans des déſerts,
ils le font ſociable citoyen & patriote dans un
gouvernement qui prend ſoin de diriger ſes premiers pas ; ils le feroient eſclave & ſans énergie ailleurs , &c. La vraie éducation conſiſte
donc moins en préceptes, en méthodes gram-
maticales ou didactiques qui ne ſont que les
remarques fines, quelquefois obſcures & métaphyſiques des ſçavants quand tout eſt fait, ou
quand tout eſt perdu, ou au pire, qu'elle ne
conſiſte en exemples, en repréſentations ſenſibles,
en pratiques , & en exercices ſains & utiles.
C'eſt la maniere de recevoir les enfants , de les
gouverner , de les entourer , de leur préſenter
les objets, de les diriger d'une main légere, &
ſans avoir l'air d'y faire attention , d'eſſayer leur
développement , de les ſuivre , en ayant celui
d'apprendre avec eux pour s'en faire ſurpaſſer ,
qui perfectionnera en eux ce qu'on appelle la nature.

Nous ne ſçaurions trop le répéter , les uns ont
pris ce mot de *nature* pour une énergie ſecrete,
une détermination invincible & expenſive, une
faculté , &c. Définitions obſcures , ſource de tant
d'erreurs , tandis que l'on ne doit peut-être entendre par ce terme qu'une aptitude à tout ce
qui eſt du reſſort de l'humanité en général ,
propre à nos beſoins ou à notre conſervation.
Ne ſeroit ce point en ce ſens que l'éducation de
la nature réſulte de l'enſemble collectif des objets
& des êtres qui ſe raſſemblent autour de notre
berceau , qui nourriſſent, balottent, remuent ou
frappent notre enfance , qui la bercent d'une
douce réverie ? on pourroit les appeller les premieres habitudes pratiques , les premiers inſti-

teurs de l'éducation. C'est de cette maniere
que le nom de vertu est le mot collectif de la
justice, de l'humanité, de la bienfaisance, & non
un être particulier abstractif : de même le naturel de l'homme, l'homme fait résulte de l'ensemble des objets qui préparent à la naissance
de l'enfant les premieres directions, les habitudes
premieres, les premiers devoirs, les premiers usages.

Qu'il me soit permis de développer mon sentiment, & (l'importance du sujet semble l'exiger) d'établir les principes & les causes des
différents genres de développement que subit la
nature humaine.

Nous avons déjà parlé de ceux de l'influence
de la mere, il nous reste à traiter de celle du
climat, pour achever de réfuter les différents paradoxes de plusieurs écrivains de ces derniers temps.

Influence des climats sur l'Homme.

L'Homme en général doit beaucoup au climat
où il prend naissance, l'art de nos institutions ne lui
enleve pas entiérement son influence ; par exemple,
sous les zones glaciales, dans ces climats malheureux, l'homme est comme le rayon du soleil qui
vient s'y éteindre ! foible avorton & languissant ;
son intelligence est bornée, la nature avare se
refuse à son industrie ; il suffit à peine à ses
besoins, il les poursuit avec adresse, il n'est
familier qu'à quelques bêtes féroces, à qui il
dispute la proie, ou qu'il en fait servir. La loi
de la famille est la seule qu'il connoisse, est la
seule qui le rassemble ; il ne paroît naître que

pour mourir, après une existence courte & paf-
fagere, il n'existât point, à notre maniere ; il n'est
déjà plus !

Si l'on va moins au nord, fous un climat
qui a fes rigueurs, l'efpece d'homme y naît
moins malheureux, mais fon caractere tient de
la dureté de fon climat ; il est inquiet, robuste
& cruel, très-propre à la génération & à la
guerre ; fon industrie femble croître en proportion du nombre des victoires difficiles qu'il a dû
livrer pour fatisfaire fes befoins.

Cette derniere efpece d'homme s'étant infiniment multipliée, s'est répandue vers le onzieme
& douzieme fiecle, dans toute l'Europe ; elle a
délayé, fondüe fon caractere féroce & barbare dans
celui des nations qu'elle a vaincues.

Sous les zones torrides, des caufes contraires
produifent des effets différents à quelques égards,
& prefque femblables à bien d'autres ; ces zones
donnerent des hommes petits, rachetifs, vivant
dans des fables brûlants, fans barbe, & dont
la vie étoit encore d'une plus courte durée.
Plufieurs races même de cette efpece éphe-
mere ont difparues de la furface de la terre,
par leur extrême foibleffe ; en forte que l'on pourroit dire, ces races fauvages quoiqu'ayant formés
différentes hordes. La dureté & la mifere des climats
contre lefquels ils eurent continuellement à lutter,
étoient fans doute la feule caufe de leur dégradation.

Mais c'est de l'orient & vers les zones tem-
pérés, & dans les Indes que dût être principalement
le berceau de l'univers ; ce fut dans ces climats que
dût naître l'homme fait pour la fociété, propre à l'é-
tendre, & qui conçut fon bonheur dans celui des

autres. Auffi l'Afie fut-elle recherchée, imitée & cé-
lébrée par les Barbares, qui, en la fubjugant, l'ad-
miroient. Ils conferverent fes loix paifibles, adop-
terent fon idiôme, en s'enrichiffant de fes dé-
pouilles. Plufieurs remporterent dans leur climat
ces tournures du génie afiatique, ces grandes
& gigantefques images, ces fables impofantes
par leur merveilleux, ce fublime de chofes &
de mots, ces emblêmes & ce cérémonial impo-
fant qui bientôt fubjugerent l'efprit ftérile des peuples ignorants des zones plus au nord.

Comment feroit-il poffible d'expliquer par
quelle fatalité les climats les plus durs fe font
trouvés peuplés d'hommes, que l'on ne peut fup-
pofer s'y être rendus par goût, à moins qu'on
ne dife qu'il y a eu un temps où l'equateur à
coïncidé fur l'ecliptique ; un autre où l'écleptique
s'en eft éloignée, un autre où elle a dépaffé
l'axe de la terre (qui fe balance continuellement
fur lui-même) après que cet axe auroit lui-même
coïncidé fur la même écliptique. Sans doute cette
révolution ne s'eft faite qu'après des fiecles innombrables, qui en ont fait perdre la mémoire ;
mais fi cette conjecture hardie eft une opinion
qui ne répugne point à ce que nous connoiffons
fur le globe, en aftronomie, un pareil évene-
ment n'auroit pas peu contribué à répandre les
hommes fur toute la furface de la terre.

En effet, les idées traditionnelles du renou-
vellement du globe & de fon ancien défaftre,
qui font reftées confignées dans les liturgies des
peuples qui ont eu le moins de communication
apparente, femble autorifer cette opinion autant
que certaines pratiques qui fe font gliffé dans tous

les cultes. D'ailleurs les traces que l'on retrouve encore de certains grands peuples dans des contrées désertes, & devenues aujourd'hui inhabitables, les débris de l'ancien monde formés de pyrithes & de granits, les angles faillants & rentrants du nouveau, les vastes courants qui semblent tracés sur ce nouveau sol que nous habitons, déposent d'une révolution ainsi que du déplacement successif de la mer.

Le globe semble avoir été submergé successivement dans toutes ses parties; si une carrière s'ouvre, les couches des pierres en déposent; on a trouvé dans des marbres des feuilles d'acanthe déployées suivant la direction des confluents de l'orient a l'occident; en sorte qu'il n'est pas très-invraisemblable que l'homme répandu sur la terre, ait été soutenu ici, ou dégradé là par le climat qu'il habitoit; qu'il se soit affoibli & comme appauvri dans les climats ou excessivement chauds, ou excessivement froids; ce qui démontreroit mon opinion sur l'influence des climats & des saisons, sur l'éducation & l'habitude des hommes.

Il est presque avéré que c'est dans l'orient en Asie & sous les zones tempérées, que l'homme fut porté naturellement à la sociabilité & à la civilisation.

En effet, un ciel doux & tranquille, une terre riche & bienfaisante, mais exigeante, a dûe exciter l'émulation & la sensibilité de l'ame, en raison de la population & des besoins satisfaits. Les hommes de ces climats n'ont dû avoir pour ennemis que les bêtes féroces, le plaisir les rassembla autant que leur conservation. Chez eux n'acquirent les conventions & la morale le plus convenable à l'humanité ; rien de furprenant qu'ils aient adoré le foleil, c'étoit la plus vive, la plus digne image de l'être fuprême , & celle de toutes les créatures qui raffemble le plus tous les effets de la bienfaifance de l'être fuprême , fans doute il ne dût point s'en offenfer ! Les contrées voifines de fes plus douces influences furent le berceau de la plus grande partie des connoiffances humaines ; car les arts & les inventions ont eu befoin de liberté, de loifir & d'aifance pour éclore ; il eft rare de penfer au fuperflu quand on manque du néceffaire.

Les habitants du nord , en pénétrant dans ces afyles paifibles, n'y furent refoulés que par leur exceffive population : leur difette & les befoins de la vie y enflammerent leur cupidité : ils y ont fouvent porté leur caractere inquiet & féroce ; mais ils en ont toujours fubi les juftes loix, après s'être abreuvé à long trait du fang des incoles ; ils les ont enrichis de leurs arts, enfant de la dure néceffité, en leur ôtant quelquefois l'innocence & la fimplicité des mœurs.

Il fuit de ces vérités plufieurs chofes importantes , mais entr'autres on en recueille une conféquence bien précieufe ; fçavoir que l'on doit préparer le citoyen en formant l'homme, & former l'homme par le citoyen, comme on doit former celui-ci par la patrie, en mettant à profit les avantages phyfiques que donne chaque climat, & en rectifiant fes inconvénients par l'éducation & le genre de nourriture.

Nous croyons avoir d'ailleurs démontré par tout ce que nous venons d'expofer en détail.

1°. Que l'éducation de la nature dépendoit,

à bien des égards, de nous, des climats & des objets qui entourent, intéressent, & bercent l'enfance (1).

2°. Que dans les objets dans lesquels elle en dépendoit, elle devoit être dirigée par l'éducation civile, & que faire un homme & un citoyen en même temps n'étoit pas chose incompatible, comme l'avoient soutenu plusieurs auteurs célèbres, pourvu qu'on ne s'éloignât pas de la nature & des possibilités de l'homme.

3°. Que l'éducation des hommes doit être dictée & conduite non-seulement par la connoissance des choses, leurs pratiques, leur nécessité, leurs usages, mais devoit être dirigée par des pratiques conformes à la morale, convenables à la nature humaine, appropriées à ses besoins & à ses foiblesses, ainsi qu'à sa conservation.

Je me suis donc persuadé au surplus qu'il falloit (pour former une parfaite éducation dans tous les arts de la vie, à commencer par le plus malheureux & le dernier des artisans, & à finir par le prince héritier d'un grand trône), observer qu'il faut diviser les connoissances de l'adolescence en trois classes.

1°. Apprendre à tout individu, qu'il est homme, & conséquemment tout ce qui est du ressort de l'humanité & de sa conservation ordinaire, de sa santé, de son utilité sous ce rap-

---

(1). Je me sers du terme de bercer, ou figuré, mais ce n'est pas que j'approuve qu'on balotte l'enfant dans un berceau, cela est trop propre à faire des stupides, des fous, & de retarder tous progrès ; je ne suis pas le premier qui ait fait cette observation.

port & avant toutes chofes ; & c'eſt en partie
l'objet pratique de l'éducation de la nature , dont
nous venons de parler.

2°. Lui apprendre qu'ainſi qu'il tient par ſon
exiſtence & ſes befoins , à tous les êtres paſſifs
qui paroiſſent fenſiblement inanimés & qui l'entourent en foule , il tient à tous les individus actifs
& exiſtants , particuliérement à ceux qui , comme
ſes femblables , forment par leur réunion le corps
politique & civil dont l'enſemble forme la patrie,
de la même maniere que la collection du pere ,
de la mere & des enfants forment la famille ,
& par-là lui faire concevoir la néceſſité d'être
citoyen , autant que celle d'être bon & tendre
fils , bon frere & bon parent ; que ces derniers
nœuds doivent être reſſerrés par les premiers avec
un accord & une harmonie inaltérable.

3°. Qu'il doit être patriote , c'eſt - à - dire
qu'ayant aliéné à la patrie une partie de ſa liberté pour employer l'autre à ſon bonheur , &
à celui de ſes concitoyens , ce bonheur ainſi que
ſon fort , ſa fortune & ſa vie protégés par elle ,
font intimemert liées au falut & à la gloire de
cette patrie par un concordat tacite , dont la formule lui fera expliquée ! lui apprendre qu'il ne
peut abdiquer cette dépendance qu'en devenant
l'ennemi ou la victime néceſſaire de cette derniere : lui apprendre que s'il ne veut fe con-
former à cette formule , il doit éviter la juſtice
de celle qui l'a vu naître ; & qu'il ne lui reſte
qu'à fuir loin d'elle , avant de s'être rendu cou-
pable , même dans tous les cas où il la croiroit
marâtre & injuſte.

CHAPITRE I.

Apprendre à tout individu qu'il est homme, &
conséquemment tout ce qui est du ressort de
l'humanité & de sa conservation.

Nous venons d'exposer au commencement
de ce plan, que l'homme physique devoit être
le premier but de l'institution sociale ; que l'éducation de la nature étoit l'effet des circonstances
& des climats qu'il habite, si l'on en excepte
les devoirs essentiels qui le lient à Dieu, à ses
pareils & à lui-même, devoirs invariables
écrits dans le cœur d'un burin ineffaçable, & qui
sont indépendants de ces accidents particuliers.
La premiere éducation est de situation autant
que de pratique ; il ne faut que des mœurs &
beaucoup de tendresse, d'égard & d'union de
la part des époux pour la rendre parfaite. Au
moment que l'enfant connoît sa nourrice, l'expérience agit, & lui a, en peu de temps, beaucoup
appris : or ne dérangeons jamais cette éducation
de l'expérience, il faut y livrer l'enfant, qu'il essaie
de mesurer ses forces, du plaisir jusqu'à la douleur, & de la douleur jusqu'au plaisir, ses tâtonnements sont des efforts de sa foiblesse, ses craintes
le servent, où la sécurité, la trop grande confiance & la force le perderoient ; l'enfant sorti des
bras de la nourrice, libre de ses petits membres, sveltes, mais délicats, continue journellement cette pratique ; la science est de l'exposer

a des expériences de tous genres, de l'y accompagner, & de presque toujours les faire avec lui. Attendre la justesse & la finesse de ses remarques, & de se essais plutôt que de les décider. Il n'est volontaire & impérieux que parce qu'il jouit journellement de quelques petits triomphes; jusqu'à un certain point, dans ces commencements, l'éducation de la part de l'instituteur doit être négative; on doit lui laisser prendre des idées des choses, à l'aide de ses besoins, du plaisir & de la douleur, l'art de les diriger & de les faire succéder, celui de développer son intelligence, & de mettre du choix dans les objets qu'on lui montre, afin de le destiner à telle profession, à telle étude, &c. Jean - Jacques, & Madame de Genlis ont seuls saisi ces situations, & ont donné dans des especes particulieres, sur l'art de ces premiers développements, des connoissances aussi sagement que profondement réfléchies; Jean - Jacques seul n'a fait de son Emile qu'un homme, sans vouloir faire un citoyen; il a fait l'homme naturel, connoissant les besoins & ses foiblesses, & Emile sans une Sophie, fut peut-être allé vivre à l'entrée de la Forêt-Noire, ou dans quelques antres sauvages.

Toutes les observations qu'aura fait l'enfant sur ses essais, son expérience pratique, le conduiront sans doute à lui apprendre qu'il est homme; c'est-a-dire, sujet à des foiblesses & des infirmités, qu'il peut prévenir en veillant à sa conservation; mais elles doivent aussi lui faire connoître sa force, qu'il faudra encourager, & le secours qu'il peut en tirer en s'aimant dans ses semblables; car c'est la force & la liberté qui font

Les excellents hommes, mais c'est l'amour de
foi-même bien entendu, qui produit les paffions
utiles & toutes les vertus.

1°. On lui fera fentir le befoin qu'il a de fes
femblables.

2°. L'ufage qu'il doit faire de fa fanté.

3°. Le bien de la tempérance.

4°. Le danger des excès ; il faut avoir toujours
l'art de lier les connoiffances & les devoirs de
l'enfant avec fes befoins, fon intérêt & fa confervation ; que les uns & les autres ne fe trouvent
jamais en compromis, fans quoi c'eft les affoiblir les uns par les autres, voilà le vrai moyen
de lui faire faire le chemin le plus rapide du
côté des connoiffances, ce principe eft la marche fouveraine & unique de l'inftituteur.

5°. Pour former fon cœur, ne lui montrer
jamais fon bien-être dans le mal d'autrui, au
contraire le faire réfulter du bonheur de fon femblable, ou s'il réfulte des événements d'un accident, il doit arrofer de larmes cette perte de fon
femblable, pour être digne de le remplacer, voilà ce
qu'on appelle apprendre à l'enfant à être homme.

L'amour de la confervation qui eft naturelle,
fera goûter à l'enfant ces leçons généreufes &
tendres, qui fe juftifieront par les petits foins,
la propreté & tous les moyens d'entretenir la
fanté, la gaieté & l'amitié ; rien n'exige un dif-
cernement & un choix d'expreffion plus jufte, plus noble, plus généreufe que les propos à tenir à un enfant.

J'apprendrois à mon Emile, qu'il ne faut que
fentir pour être heureux ; s'il falloit raifonner le
bonheur, il faudroit peut-être en exclure la plupart des hommes, & que s'il exifte, ce ne

peut être que dans l'amour des autres , par intérêt pour foi , & dans le devoir. Pour faire
connoître combien eft fûr le principe que je viens
d'avancer, & combien la méthode en eft précieufe & vraie dans la pratique, j'oferai le prou-
ver , & en effet qui oferoit nier que le principe
du fentiment dans l'homme eft l'amour de fon
exiftence ? Cet amour paroît fondé fur *la bonté
de notre être !* Tous les ouvrages de l'auteur de
la nature font frappés de quelqu'efpeces de bonté ;
il en eft de trois fortes , la bonté d'exiftence ,
l'homme la partage avec les plantes , les rubis,
les diamants, &c. &c. La bonté animale , qui
n'eft que le méchanifme de l'être fenfible , il la
partage avec les animaux les plus vils & les plus
utiles.

Enfin , il eft une bonté par excellence , qui
confifte dans les rapports raifonnés , dans les relations propres à l'être penfant , & cette bonté n'eft
que l'amour de nous-mêmes bien entendu ;
c'eft la bafe de la morale & de la vertu , ce
fentiment devroit rendre l'un & l'autre facile &
commun à tous les hommes ! Auffi toutes les
nations ont-elles connues la morale ! Ce fentiment convient parfaitement à notre bonheur,
ainfi qu'à toutes inftitutions humaines , tandis
que d'un côté Dieu eft la fource de cette bonté,
par la merveilleufe intelligence qu'il a mis dans fes
ouvrages, l'immortalité femble devoir en être la
récompenfe !

On fent déjà pourquoi l'éducation de nos jours
retarde l'avancement de l'enfant ; elle éloigne ce
moment où il doit fe dépouiller de l'ame factice &
empruntée , que nous lui donnons par des principes
incon-

inconcevables & contre nature ; nous mutilons fon ame & fon corps dès fa naiffance, nous troublons fon repos, nous renverfons fes idées, celles de la nature & de la vérité par l'autorité des nôtres, il devient homme plus tard. Tandis que l'enfant de la campagne fe développe plus fûrement, mais plus lentement, fous l'œil de la nature ; celui des villes balbucie long-temps des mots qu'il n'entend pas, avant que d'avoir la faculté de produire une penfée qui foit à lui : long-temps l'élafticité de fes organes eft fatiguée avant qu'on lui donne le temps de devenir homme, & de rendre ce qu'il voit, ce qu'il fent, ce qu'il conçoit d'après lui-même : doit-on être furpris que fa vie foit un long menfonge, une erreur, un défire ; & que fon imagination renferme toutes les rêveries deffinées à amufer notre poftérité, qui, montée fur nos épaules, verra beaucoup plus loin que nous, & rira de nous trouver fi petits, fi frivoles, &c.

Si donc mon Émile chérit fon exiftence, il aimera les hommes avec qui il la partage ; il excufera leur foibleffe par la connoiffance des fiennes ; il les foulagera avec fenfibilité dans le malheur, dans l'infortune ; il ennoblira fon cœur par cet amour de préférence, qui, le tranfportant hors de lui-même, multipliera pour ainfi dire fon être par la compaffion, par le bienfait, par la réaction certaine du bien qu'on fait aux autres.

Le fpectacle de l'humanité fouffrante déchirera fon cœur, il la vengera, la protégera ou l'aidera ; les vertus naîtront de fon propre intérêt, de fa gloire ; il fera lui-même dans tous les autres : toutes les paſſions que peut faire naître l'amour *de ſoi bien entendu*, peuvent être les miniſtres actifs & vigilants de l'humanité & de toutes les vertus ; il n'aura pas de peine à comprendre qu'il eſt dans l'ordre moral un certain tact particulier, fruit d'un ſentiment de comparaiſon avec ſoi-même, ou de l'habitude de la réflexion, qui nous fait faire une application prompte de notre poſition & de celle des autres, ou des expériences que nous avons faites, ou des objets que nous avons vus ; il combinera bientôt les effets & les cauſes ; il ſaiſira les événements & les rapports ; il apprendra à jouir peu pour jouir long-temps ; il fera dépendre de la conſervation, du bon uſage, & de la force de ſes organes la vigueur de ſon intelligence ; il les rendra tributaires de ſon induſtrie & de ſon travail, ſans chercher des ſecours d'emprunts, qu'il ſera plus jaloux de rendre aux autres, que flatté d'éprouver ! Ce n'eſt qu'à force d'avoir calomnié la nature humaine, que les moraliſtes ont perdus de vue ce principe fécond des mœurs & de la légiſlation.

Il ſçaura apprécier cette politeſſe factice & cruelle, enfant illégitime de l'amour de ſoi-même, qui par ſon uniformité tient la place du vrai caractere de l'homme ; il aura une urbanité douce & obligeante, mais noble & vraie.

Le nom ſacré de pere & d'époux lui ſera cher ; il ne ſourira point de pitié, quand on lui parlera de patrie, mais ſon cœur s'enflammera, il ſe croira heureux d'être de cette grande famille des êtres, que l'harmonie & la piété filiale raſſembla pour la perfection de l'homme, ſa con-

fervation , fon bien-être ; enfin pour faire triompher la bienfaifance , la génerofité , & mettre
en honneur toutes les vertus : l'émulation & la
rivalité ne leur donnent qu'un plus touchant éclat.

En un mot, l'infenfibilité ne fera point la bafe
de fon caractère ; il fçaura que l'apathie & l'é-
goïfme , qui eft l'amour de foi mal entendu,
font les fléaux des bonnes mœurs ; ce n'eft que
par les paffions bien dirigées , qu'on amenera
mon Emile à l'activité, à l'utilité & à la vertu ;
l'amour de lui - même en fera la fource généreufe & féconde. Les hommes infenfibles font
encore bien loin de reffembler à la ftatue de
Memnon ! Jamais ils ne rendront un feul fon
au premier rayon du foleil du patriotifme.

Mon Emile fera profondément penétré de
cette vérité mâle & féconde , que le befoin de
l'homme eft l'homme même ; que fes moyens
& fa foibleffe (s'il eft ifolé) , feront comme
les miferes qui affiégent l'homme , des ennemis
impérieux & cruels qui le détruifent fans les
confoler ; de-là plufieurs Sauvages , quand ils font
infirmes , demandent la mort comme un bienfait.

Il connoîtra que les bafes de la fociété & de
l'inftitution repofent fur l'utilité particuliere.

Il apprendra à diftinguer cet amour de foi
aveugle , qui équivaut à la haine réduite en froid
fyftême , de celui qui plus éclairé , plus généreux,
plus compatiffant le conduira au bonheur par
les facrifices.

Enfin il apprendra qu'il eft homme , par fes
infirmités & fes foibleffes , & que s'il eft quelque héroïfme dont il foit capable , ce doit être
celui d'exiger peu des autres , & de fe faire un

devoir de leur faire tout le bien poffible.

S'il s'aime affez puiffamment , il ne fe fera gloire de ne faire que des heureux & des ingrats.

En un mot, le devoir de l'inftituteur doit être de graver cette morale de très-bonne heure , de la fimplifier , en faifant connoître à fon Emile qu'en général prefque toutes les vertus qui font l'homme , repofent fur la double bafe de la juftice & de la tempérance.

La tempérance conjure notre intérêt de nous abftenir de ce qui nuit aux autres & à nous-mêmes , & la juftice nous follicite à faire jouir chacun de l'exiftence & du bonheur.

(1) Ce n'eft qu'en étendant de pareils principes par la pratique & par l'exemple dans l'ame du jeune éleve, qu'on lui rendra intéreffant le tableau de l'humanité , & qu'on lui fera fentir celui de fes propres foibleffes, qu'on le formera dans la connoiffance de fes vrais intérêts.

Dès qu'il lui fera permis de s'aimer , & qu'il concevra par une éducation douce, l'ufage que l'inftituteur fait lui-même de ce fentiment intime , toutes fes actions auront une bafe , & porteront fur un principe intelligible & naturel , qui développera toutes les facultés de l'ame vers le bien , mille rapports particuliers feront éclore des idées libres & animées, qui tiendront autant de la confiance

---

(1) Ce n'eft point à analyfer les facultés de l'ame , & comment elles s'exercent que j'entends occuper mon Emile ; cette vaine métaphyfique ne prouve que l'efprit du difputeur ou fon adreffe , & elle n'éveille que le fanatifme, mais c'eft à l'exercer à fentir vivement les facultés de fon ame , à les diftinguer & à en faire bon ufage.

que de l'envie de plaire. Ce jargon de métaphyfique inventé pour nous rendre compte de nos
vertus & de nos vices, ne trompera plus fes
efpérances, ni celle des autres ; tout s'expliquera
à fes yeux, il ne fera ni trompé ni trompeur.
Or cette théorie doit être appuyée de remarques
fur l'expérience propre de mon Emile, & du
tableau frappant des miferes humaines offertes
de temps à autres aux yeux de l'éleve, & comme
fans deffein prémédité, il ne fe préfentera jamais
fans fruit, fans émotion de la part de l'éleve,
il laiffera dans fon cœur & dans fon ame des
traces ineffaçables.

On diftribuera les effets variés de ces tableaux
de la mifere humaine fuivant l'âge ; ce fera le
moyen d'annoncer à mon Emile, jufqu'où peut
porter la fureur & le défordre des paffions,
qui écloront dans fon cœur, s'il ne les tempere &
ne les dirige au flambeau de la raifon & fuivant
fes vrais intérêts.

Ces exemples font des leçons puiffantes, qui,
placées à propos, fertilifent les préceptes, forti-
fient le cœur, & rendent par la fuite l'expérience de l'homme utile, profitable, & jamais
dangereufe. En un mot, veut-on faire un bon
pere, un bon parent, un bon citoyen, il faut faire
de mon Emile un pfychologue par l'expérience,
l'entendement, la volonté & la fenfibilité, ce font
les facultés que l'on doit s'attacher à former chez
lui ; c'eft ainfi qu'on lui fournira de grand principe
pour l'étude du droit naturel & des gens. Il faut le
préferver, fans doute, de la théorie de la pfychologie,
mais lui dire ce qui eft dans l'exacte vérité, que
nos fens nous ont été donnés pour en faire ufage,

& non pour en abuſer, l'entendement pour nous diriger à la vérité, & notre volonté pour pratiquer la vertu; que l'accord de ces trois facultés dans l'homme conduit à la ſageſſe.

C'eſt par ces pratiques & ces leçons, cette attention que l'on gagnera la confiance de mon Emile, & qu'on parviendra à lui inſpirer autant de liberté d'eſprit, que d'amour, de zéle & d'attachement pour tous les préceptes qu'on aura à lui expliquer par la ſuite. Enfin on lui apprendra qu'il eſt homme, & tous les devoirs de cet état, un catéchiſme ſur ces objets, ſimple & court, jetteroit beaucoup de lumières dans l'eſprit des enfants. Ce ſeroit prendre dans le foyer même de l'amour-propre & des paſſions, les moyens de les perfectionner. Les oppoſer à elles-mêmes, c'eſt les contre-balancer, c'eſt les vaincre, ce feroit faire au moins un grand pas vers la ſociabilité, & il faudra maintenir ces premiers préceptes & le bon effet de leur marche pendant tout le cours de l'éducation, en obſervant que pour rendre la jeuneſſe attentive, il faut que l'inſtituteur qui doit préſider à l'éducation ſoit aſſez adroit pour ne jamais ſe laiſſer pénétrer d'avance ſur les objets qu'il aura à lui inculquer, afin d'avoir le temps de placer les connoiſſances préliminaires & préparatives pour en obtenir une attention qui ſoit récompenſée par l'effet de l'objet qui en étoit le but, ſans quoi l'imagination vive de l'éleve, faute d'avoir paſſé par les intermédiaires, court au but, le manque par la conception, n'y revient qu'avec dégoût, ſatiété, préſomption ou légéreté; il n'eſt jamais qu'un être frivole, vain & inattentif. Effet malheureux de

ce défaut d'attention de la part de ces instituteurs mal-adroits, & pas affez en garde pour
rendre intéreffante cette gradation. Cette méthode étant obfervée d'habitude, mon Emile n'ou-
bliera jamais le procédé de cette leçon & les
objets qu'elle aura gravé dans fon entendement;
il les retiendra avec complaifauce, parce qu'il
les concevra bien, & que fon amour-propre y
trouvera fon compte; il fe rompra à cette pratique, & s'attendra toujours à trouver au but
une nouvelle découverte, qui l'animera au travail,
en procurant à fon amour - propre une récompenfe délicieufe; elle paroîtra toujours plus facile;
les peines paffées ne font rien quand la jouiffance
paroît.

Telle eft la marche qu'on doit tenir pour le
préparer à recevoir l'éducation des chofes, &
celle des hommes mêmes. On pourroit reprocher
à Jean-Jacques d'avoir négligé cette méthode
précieufe dans la maniere d'enfeigner fon Emile;
il ne le conduit qu'à un progrès lent & borné.

Cependant fans cette méthode, il n'eft point
de fuccès rapides & folides à efpérer, même
dans aucun état, & on ne fera que des créatures
inattentives par habitude, frivoles par indigence,
& qui ne feront conduites que par l'inftinct & le
talonnement de l'ignorance.

Je ne m'étendrai point davantage fur cette
premiere divifion, pour éviter d'être faftidieux,
elle rentre d'ailleurs dans celles qui fuivent, &
ne doit point s'en féparer dans la pratique, puifque
l'homme ne doit jamais l'être du citoyen, utile
& bon patriote : j'en dirai peut - être davantage par la fuite, mais ceci fuffit pour un effai.

F 4

où je n'ai pour le moment qu'à être entendu de ceux qui ont de l'ufage & des lumieres fuffifantes pour fentir les conféquences de ces principes, & les tirer quand il leur plaira ; s'ils fe pénétrent de cette révolution néceffaire autant que preffante, il ne leur manquera plus qu'affez de puiffance & de courage, pour s'immortalifer dans la reconnoiffance des hommes, en perfectionnant par des établiffemens l'éducation nationale.

CHAPITRE II ET III.

De l'éducation des choses, & de celle des Hommes.

Le spectacle brillant qu'offre la nature à nos yeux, la variété a dû de tout temps attirer & gouverner tous les cœurs vers l'adoration de l'être suprême, les émouvoir à la reconnoissance, composer leurs mœurs, & leur suggérer comme par instinct la morale la plus pure, l'amour de l'ordre, de la bienfaisance & de l'harmonie. C'est dans ce tableau que l'homme dût puiser ses regles, la délicatesse de ses goûts.

Cette douce persuasion de la morale a été universellement sentie, mais les principes & les bases de nos devoirs étoient aussi peu affermies que connues, de l'esprit fier & orgueilleux de l'homme, ami de la liberté, ou plutôt impatient sous le joug trop dur que sembloit vouloir lui imposer l'ignorance ambitieuse.

Les philosophes anciens ne pouvant justifier par leurs lumieres la morale dont ils sentirent l'excellence, faisoient de vains efforts pour soulever le le voile qui cachoit les opérations de la nature, & faire marcher d'un pas égal la conviction de l'esprit avec celle du cœur, & après s'être long-temps agités dans leurs chaînes, ils eurent recours aux chimeres de l'imagination : ce fut à qui feroit le rêve le plus brillant ; de-là leurs efforts pour donner à la morale une origine céleste, qui

pût rendre fa bafe inébranlable. Ce fut à qui
feroit le menfonge le plus officieux à l'humanité,
après bien des fiecles écoulés dans la perplexité,
les débats & les défordres qu'entraînent toujours
l'erreur à fa fuite : des mains hardies oferent de
notre fiecle déchirer ce voile qui couvroit la
nature ; les découvertes que nous avons faites fur le
méchanifme des mouvements céleftes, fur les loix
& les procédés, l'organifation des êtres viennent
raffermir la bafe de nos devoirs ébranlés par l'efprit de fyftême : elles viennent convaincre notre
efprit, en l'éclairant, & juftifier la perfuafion de
notre cœur, tel eft le point où le monde phyfique femble toucher, & fe lier au monde moral dont il éclaire la marche ! Les découvertes
faites en phyfique juftifient la faine morale, &
en font la fource ; celle-ci l'eft des bonnes mœurs,
les bonnes mœurs des bonnes loix, tout eft lié,
tout eft invinciblement enchaîné dans le monde
phyfique & moral. Toutes idées de morale doivent
prendre leurs fources dans des befoins & des rapports de bienveillance réciproques ; elles font jufti-
fiées par ces rapports invariables, par cette harmonie des êtres entre eux.

Comment l'enfant apprendra-t-il à être homme ? En connoiffant fes foibleffes & fes befoins,
s'il ne devient d'abord un petit phyficien, la nature l'a préparé merveilleufement & exclufive-
ment à cette difpofition, contre laquelle dans vos
colleges, par vos inftitutions velches, & ce galimathias d'abftraction métaphyfique & barbare,
vous luttez fans fin, fans ceffe & avec bien trop
de fuccès.

La phyfique n'eft abfolument que l'éducation

des choses naturelles. Comment prévenir les erreurs de tous genres, & faire des êtres raisonnables, s'ils ne connoissent pas les corps qu'ils ont sous les yeux, ceux qu'ils respirent, ceux qu'ils voient, qu'ils touchent, qu'ils sentent, qu'ils entendent ; comment étendrez-vous leurs ames, comment l'éleverez-vous, s'ils ignorent avec combien d'êtres différents ils partagent l'existence, & combien la leur semble supérieure. Ce n'est plus le temps où les Hiérophantes ne révéloient qu'aux initiés qu'IL N'Y AVOIT QU'UN SEUL DIEU ; que tous les autres étoient des dieux aimables & plaisants de notre imagination & de nos passions ; que c'étoient les dieux fantastiques du peuple & des bonnes femmes, à qui il en falloit par milliers ! Ce n'est plus le temps où la physique s'enveloppoit des ombres du mystere, pour en imposer & gouverner la terre PAR LA CABALE & le PRESTIGE ! La physique des anciens étoit dans les langes, noyés dans le galimathias des qualités occultes des abstractions & des systêmes ! Mais aujourd'hui brillante de gloire, riche en expériences magnifiques, en découvertes ; elle ouvre la source du bonheur, & doit faire la plus solide occupation des hommes. Si elle les enrichit, les amuse & les console dans tous les états, dans tous les âges, dans toutes les positions ; elle donne des leçons aux rois ! & nous l'osons reléguer dans les dernieres classes, elle est née dans ce siecle, & déjà sa vive lumiere n'éclairoit dans son aurore que des borgnes, des boiteux & des aveugles, puisque les têtes les plus saines redoutent encore de lui prêter leurs yeux, semblent craindre son éclat, & conspirent même contre ses efforts victorieux.

Mais bientôt on a vu le menfonge & la fu-
perftition des antiques préjugés déménager, pour
ainfi dire, à petit bruit, & emporter leurs dieux
mefquins fur leurs épaules comme dans un jour
d'incendie ou de pillage. Plufieurs philofophes
plus amis d'une vaine gloire que de l'humanité,
éconduifirent avec rifée l'arriere-garde, & cau-
ferent cette confufion qui retarda les progrès; ils
oublierent de fe faire aimer, & leur peu de charité n'avoit pas donné le temps à cette mere de
tous les arts d'établir folidement fon empire. Ils
devoient penfer ces philofophes, que quand on
veut détruire une ville gothique, & bâtie peu
commodément; il faut d'abord en édifier une
nouvelle, afin qu'en quittant celle-ci, on fache où
on logeroit plus utilement. Qu'on faffe attention
que l'enfant naît phyficien & plus fin obfervateur qu'aucun de nous. Nous mutilons, nous dé-
truifons en lui ce germe, ce généreux effort pour
lui donner nos idées gigantefques & fauffes,
nous les fubftituons avec complaifance. En vain
il nous réfifte; nous le nourriffons de tous nos
préjugés, de tout notre délire. En revenant fur
fes pas, & faifant attention à la vérité de
cette manie; que de gens de bon fens & de
bonne foi auront de peine à la concevoir! Combien plufieurs ont à s'en plaindre, & d'autres à
en gémir? mais il ne faut pas devancer les temps,
& rompre l'ordre de cet effai.

Difons feulement qu'autrefois tout le monde avoit
tort, par conféquent, tout le monde avoit raifon;
mais aujourd'hui que la plus faine partie des hommes ont véritablement raifon, il faut avouer au
moins que tout le monde a tort! & pour aller

au devant du ridicule qui pourroit s'en mêler, &
ne mettroit que la confufion, en augmentant
celles des mauvaifes mœurs, comme citoyen,
j'offre des vœux purs & défintéreffés au ciel pour
ma patrie, & defire pour elle que le gouvernement, confultant mieux fon intérêt qu'il n'a fait
du paffé, inftruit par l'art, qu'une célèbre fociété (1)
avoit eu de s'emparer de l'éducation nationale
à fon préjudice, pour fe rendre, dit-on, la fuprême dominatrice de l'Europe, & élever fa
puiffance fur l'indifférence funefte du gouvernement, je voudrois que le gouvernement (plus jaloux
d'un droit qui n'appartient qu'à lui) ouvre fon fein
& fes tréfors à fes nourriffons, & prépare de
longue main par une éducation nationale, des
réformes en tous genres, fon élévation, fa vraie
richeffe & fa grandeur future. C'eft dans ces établiffements nouveaux que le génie bienfaifant
de ce gouvernement adroit & fçavant chymifte,
travailleroit, comme dans autant d'officines,
à la refonte future des mœurs & des loix, en
fe faifant des fujets qui forceront leurs fiecles à
applaudir à fes efforts; & en effet, il faut effacer les loix abufives & mal digérées, & les mauvaifes mœurs des temps barbares & fauvages; il
faut réparer les fautes de la cupidité, & l'ignorance
qui les a introduites. Trois chofes en général
font la fource des mauvaifes mœurs dans un état
comme on l'a fait preffentir.

1º. La conftitution politique du lien conjugal dont la force doit être calculée fur la poffi-
bilité de la nature & fes effets. Sa fituation eft

____

(1) La fociété des Jéfuites.

mal affife & peu liée avec les principes & l'intérêt très-majeur du gouvernement ; c'eft ce qui
le rend méprifable, aviliffant, inutile à la profpérité de l'état; en forte que l'empire le plus fort,
qu'un gouvernement pourroit exercer fur l'homme
pour le retenir & l'attacher, eft abfolument man-
qué, fruftré, ainfi que tous fes effets heureux, &
cela eft le produit d'un vain préjugé, d'une fotte exal-
tation de têtes de quelques hommes plus faits
pour arranger les régions céleftes que pour gouverner fagement des êtres raifonnables; enfin les
célibats inutiles & les autres défordres qui en
font la fuite, prouvent que l'homme s'ifole tous
les jours, & n'eft retenu à l'état par aucun intérêt expanfif de cœur & de relation directe. Son
ame avilie n'eft retenue que par la crainte du fupplice, n'eft attachée que par la récompenfe, deux
mobiles qui fatiguent continuellement la main
du gouvernement, toujours aux expédients pour
les placer, ou pour les trouver *impromptu*.

2º. Le peu d'autorité des peres de familles dé-
pouillés toujours par des gouvernements foibles,
qui, pour vouloir en enrichir la leur, l'appau-
vriffent; en effet, un fils qui a fu franchir cette
autorité fainte, n'a plus envers fa patrie que le
fervice & l'obéiffance d'un efclave qui fe révol-
tera bientôt pour recouvrir fon indépendance,
tandis que la douceur des relations paternelles devoit l'élever à la pratique & à l'habitude des
bonnes mœurs : les relations de parenté, les noms
fi chers de pere & de fils font avilis; on fe dit
ENFANT DE LA PATRIE pour avoir le droit
de n'être ni l'un ni l'autre. C'eft une autorité
douce, dégradée par une autorité fans doute non

moins fainte , mais plus puiffante , qui, pour
avoir voulu trop embraffer , a très-mal connu
fes vrais intérêts: a brifé , foulé aux pieds les ref-
forts , les chaînons de la faine politique , le faint
enthoufiafme des liens d'une dépendance équitable
& naturelle.

3°. La mauvaife éducation du fiecle , non
contente de former des êtres frivoles & inutiles
pour la plupart à la patrie , à charge à eux-mêmes, ne forma pour la plupart du tems , que des
êtres ineptes, ambitieux, fans avoir droit de l'être,
inquiets fans objets fixes , fe tourmentant fans néceffité , & jouiffant de tout fans plaifirs non plus
que fans remords.

L'apathie fuite de l'épuifement de tous les fens ,
de tous les fentimens doux qui régénèrent l'homme,
en a déjà fait des automates qui ne fe meuvent
que par le reffort de la cupidité & la foif de l'ambition.

Tous ces effets ne font pas furprenants, nous
fommes au dix-huitieme fiecle , & prefque tous
les états de l'Europe , à cent cinquante ans près
les uns des autres, fument encore du fang long-
temps répandu par les guerres de religion que l'ambition prit toujours pour prétexte ! Les difputes
de l'école nourriffoient ce feu , qui, dans quelques petites républiques, couve encore fous la cen-
dre, & éclate de temps en temps. Echappés à peine
au bras défefpéré de l'ignorance, de la fuperfti-
tion aveugle & de la barbarie, ces états de l'Europe s'apperçurent bientôt que l'efprit des partis,
après les avoir long-temps fait époufer leurs que-
relles, avoient eu la politique qu'a toujours la
paffion & la tracafferie , qui eft de lier à leur fyf-

tême la morale & les mœurs, de se les approprier,
de les en faire dépendre comme des subalternes,
en ruinant les fondements que les uns & les autres pouvoient avoir dans la bienveillance & le
bonheur universel, la saine & les bonnes mœurs
devoient rendre les états *indépendants*. Tous dogmes sophistiques ! Mais la superstition ne permit
pas que l'on pût dans le cœur des peuples, frap-
per d'anatheme les vaines & frivoles opinions,
sans anéantir, sans effacer cette morale &
ces mœurs qui peuvent seules procurer la félicité
de tous les peuples. Long-temps les gouvernements sages ont dû hésiter sans doute à livrer au
mépris les disputes frivoles : le ridicule a plus fait :
au fond le mal étoit extrême, & le souvenir
du passé pesoit sur la mémoire & sur le cœur
de l'homme juste : l'humanité souffrante, éplo-
rée se jetta aux pieds de la saine philosophie ;
celle-ci toucha l'oreille des rois, la paix naquit,
le système des cours changea, ce fut le bienfait des amis de l'humanité & de la philosophie
réunies.

Que firent alors les gouvernements effrayés par
les maux passés ? Ils eurent recours à l'adresse,
connoissant le peuple dans l'esprit duquel les opinions & les faux préjugés s'effacent aussi difficilement qu'ils s'impriment ; ils n'hésiterent pas à
livrer au mépris les disputes frivoles, vuides de
sens & infiniment ridicules ; mais le coup qui
les renversa ébranla la morale & les mœurs dans
l'esprit des peuples : ces gouvernements furent
même en favoriser un peu le relâchement. Pour
consoler le peuple, ils diviserent pour régner.
Délivrés de l'ennemi qui les déchiroient impérieu-

sement

fement en fe fervant de leurs propres mains depuis tant de fiecles, ils ont reveillé dans leur fein
les lumieres de cette faine philofophie & des philofophes, fans donner trop de credit aux enthou-
fiaftes égarés des fectes que ce nouveau plan fit
naître, ont rétabli l'équilibre & la paix fur
des bafes inébranlables.

Mais hélas! il eft dans la nature de l'homme
comme de l'enfant, de ne penfer à édifier qu'a-
près avoir détruit, & de ne point détruire, fans
s'expofer à des inconvéniens. Or, en frappant
les efprits de parti, les cris de ceux-ci qui avoient
fait dépendre les mœurs, la morale & le bonheur
du peuple de leurs fyftêmes, ont ébranlé ces divines bafes de toutes fociétés qui par-tout doivent
être indépendantes. Mais elles ne font pas pour cela
effacées, elles font divines & éternelles, & déjà tous
les bons efprits doivent fe réjouir de ce qu'elles re-
naiffent des excès même des vices qui les avoient
ou mafquées ou défigurées; ce font ces bonnes
mœurs & cette faine morale, fondés fur l'intérêt
& la félicité des hommes, qu'il eft de la politique de tout état d'établir fur une bafe qui les rendent indépendantes de tout fyftême, hors de celui
qui conduit l'homme au bonheur, parce qu'elles
en font les vraies & folides fources; que leurs pratiques font les vraies prieres à faire à l'être fuprême; elles font fi naturelles à l'homme, que l'on
ofe dire avec vérité que quiconque lui prêcheroit
des mœurs perverfes & une mauvaife morale, feroit infailliblement lapidé du peuple, tandis qu'il
fouffre & s'abreuve de toutes autres fables ridicules, dès qu'elles ne détruifent ni les mœurs ni
la morale : quel puiffant moyen pour les bons
gouvernemens!   G

Ainsi le catéchisme d'un gouvernement bien-faisant doit être tel, qu'il apprenne aux hommes à être humains, sociales & patriotes.

Il suit de-là que les exercices sur tous ces devoirs, doivent être la premiere pratique, les premiers exemples, l'instruction premiere.

Chaque citoyen sera casé ou ordonné suivant les vues adoptives de l'état qu'il ambitionne, & plus sûrement dans les degrés, suivant son aptitude & son goût dominant; par exemple, il faudra étudier de bonne heure les différents genres vers lesquels chaque individu sera porté, ce sont ceux où ils excelleront.

Je voudrois qu'un laboureur, qu'un marchand, qu'un méchanicien, qu'un artiste, que tous restassent dans leurs ordres de pere en fils; que la gradation d'état ne pût avoir lieu que vers l'art qui fraternise, & que le changement fut l'effet d'un talent plus impérieux pour tel art; qu'au reste, dans chacune de ces professions, les familles pussent espérer s'élever à la noblesse, par le nombre de COURONNES CIVIQUES QU'ELLES POUR-ROIENT COMPTER, soit de pere en fils, soit que le mérite d'un seul eut franchi ces degrés, en méritant, dans la courte durée de sa vie, tant de gloire! Celle que pourroit acquérir la noblesse par les armes, formeroit l'ordre de la chevalerie comme celle qui s'acquereroit par la robe & les services du génie, pourroit s'appeler la noblesse du vrai mérite, & d'après cela, défendre à tous peres de familles d'introduire leurs enfants dans d'autres gymnases, de leur donner d'autres éducations que celle de leur profession dès la plus tendre enfance. Fermer la porte des autres professions à tous ceux qui, ayant négligé ces préceptes, se trouveroient ineptes dans celles où, entraînés par la legéreté de leur goût, ils feroient venus prendre place.... Du reste, qui peut douter que chaque profession a la gloire qui lui est propre, celle-ci est toujours aussi grande qu'elle puisse être, & dans l'ordre des choses toujours incomparable à telle autre gloire possible. Le degré d'utilité de chaque profession dans un état constitue l'ordre qu'elles doivent tenir ; mais en général, si l'on établit différentes écoles pour ces professions, il faut par de grands objets, des experiences frappantes & une suite de spectacles tels que la peinture, la sculpture, l'architecture, & même la musique en offrent aux sens émus & flattés ; il faut que tous ces arts soient enseignés de bonne heure aux enfans ; ils y feront toujours des progrès rapides & étonnants, parce que ces arts FONT SPECTA-CLE, & ébranlent vivement les sens. Dans chaque art, donnez un grand ébranlement à l'ame de l'éleve, sans quoi on doit désespérer qu'elle se mette en mouvement ; par exemple, s'agit-il de former des laboureurs, des agriculteurs, des botanistes ? Une maison de quelques antiques & illustres fainéants sera choisie pour servir de gymnase, les terres attachées à ces maisons feront exercées par les jeunes mains des fils de laboureurs, qui viendront s'y former dans leur art, des maîtres dans tous ces genres y feront établis & ainsi que les éleves défrayés, nourris du fruit de leurs propres travaux, sans que le gouvernement soit tenu d'aucuns frais : dans chaque village on choisira un ou deux éleves, l'observation, l'expérience & la pratique feront servies par une activité continuelle & un silence imposant.

S'agira-t-il de former un commerçant ? Un

pareil établiſſement dans chaque province recevra dans ſon ſein ceux qui doivent enrichir l'état un jour ; on y apprendra tout ce qui eſt du reſſort du commerce, mais imperturbablement le caté-chiſme national & toutes les pratiques uſitées.

Voudra-t-on former un artiſte ? Mille modeles ſeront réunis, appliqués, comparés, analyſés dans un nouveau gymnaſe, & les produits ſeuls de ces éducations, ſi elles ſont bien entendues, ſuffiroient pour en faire les frais, pour peu qu'on aide les premiers efforts.

Sera-t-il queſtion de former un notaire, un homme de pratique, un magiſtrat ? on établira ces écoles dans un centre, où le travail des éleves puiſſe récompenſer celui qui ſera autoriſé du gou-vernement à juſtifier ſa confiance.

Faiſons ces établiſſements, & bientôt nous au-rons des traités dans l'art de les conduire à la plus haute perfection. Ce n'eſt point les méthodes & les livres ſcholaſtiques qui nous manqueront, c'eſt le choix dans l'art de ſimplifier le procédé & celui de l'inculquer par l'expérience & la pratique ; moyens les plus ſûrs pour éviter les tâtonnements de l'ignorance, les erreurs de l'entêtement & du préjuge qui ont plus reculé les bornes de l'eſprit humain que les grandes révolutions de la barba-rie. C'eſt ainſi que l'on évitera la confuſion dans les objets des études, & que l'on deſtinera le citoyen, qu'on le caſera d'une maniere utile pour lui & pour l'état ; toute autre maniere ne peut faire que des êtres indécis, diſſipés & incertains, pro-pres à tout, & incapables de rien, & ineptes même dans ce qu'ils font & ſçavent le mieux.

En un mot, c'eſt du ſein de l'hiſtoire naturelle,

de la phyſique & des méchaniques qu'il faut partir pour trouver les principes de tous les arts & de toutes les ſciences; & l'on doit approprier à chaque pratique, à chaque gymnaſe les tréſors qui découlent de la connoiſſance profonde de ces ſciences meres.

Car ainſi que la force & la liberté font d'excellents hommes, la foibleſſe & l'eſclavage des méchants, l'éducation nationale dirigée vers les bonnes mœurs, l'utilité, & la vraie connoiſſance fera d'excellents citoyens, de vrais & utiles patriotes, tandiſqu'une éducation fantaſtique, guindée vers des abſtractions métaphyſiques, ne produira que des ſujets frivoles, oiſifs, ou turbulants, ergotiſtes, querelleurs, phrénétiques, qui (ſi rien de plus) feront autant à charge à l'état qu'à eux-mêmes (1).

C'eſt l'éducation plus ou moins parfaite qui devroit conſtituer la différence de tel homme à tel autre homme! Celui qui vient les mains vuides porter ſon hommage à la déeſſe de la patrie, devroit en être repouſſé dans la foule comme un ſerviteur inutile. Plus le haſard de la naiſſance nous a favoriſés, plus nous ſommes tenus d'acquitter notre dette envers elle. Malheur à celui qui à ſes autels porte un grand nom; elle peut l'accuſer de l'avoir dérobé, ne doit-il pas craindre qu'elle ne ſe venge, en le plaçant trop près du mépris, ou en le rejettant comme ce dauphin, qui, accoutumé à jouer dans

---

(1) On a retranché de cet ouvrage toute la partie ſcholaſtique, tel que le Catéchiſme de la morale, celui du Contrat ſocial, celui des devoirs paternels & patriotiques.

les eaux avec un bel enfant , & à le promener
fur fon dos d'un air triomphant & fier à la vue
du peuple du Phiré , ne promena un finge qu'on
avoit voulu lui fubftituer , que le tems qu'il falloit
pour l'expofer à la rifée ; il le rejetta bientôt dans
l'onde avec indignation.

Éducation des Sçavants , de la Nobleſſe & des Princes.

Les grands , les princes & les rois, ceux
à qui leurs richeſſes donnent des prétentions, la
nobleſſe elle-même apprendront plus particuliérement qu'ils font hommes, avant d'être rien autre
chofe ; que l'eftime des hommes vaut mieux que
leur admiration ; l'enthoufiafme des vertus fublimes
étant de peu d'ufage dans la fociété, ils apprendront que dans un état quelconque la continuité
des devoirs ordinaires bien remplie, ne demande
pas moins de force que les actions héroïques ; que
l'honneur & le bonheur en tirent meilleur parti ;
que d'ailleurs les vertus de la profpérité font douces
& faciles, mais que celles de l'adverfité font difficiles & dures ; que les vertus ne s'épurent que
comme l'or dans le creufet des difgraces ou de
l'adverfité ; que du refte, il faut laiſſer, foit à l'adverfité, foit à la dure néceffité, peut-être aux
événements défaftreux de la vie, & à une expérience qui donne la maturité, à faire de vrais grands
hommes, tel qu'on doit le concevoir. Ce font ceux-
là feuls qui juftifient les éloges & l'enthoufiafme
d'une nation, dans la vérité, la vertu ne nous coûte

que par notre faute. Si nous étions dans chaque
état ce que nous devrions être, que nous fissions
ce que nous devrions faire rarement, aurions-nous
besoin d'effort pour faire ce que les hommes ad-
mirent comme acte vertueux ?

Il n'est pas moins vrai que le jeune prince qui
regne sur ses sujets avec la sagesse & la prudence
que donne seule l'expérience, ne marche à grands
pas sur les traces du grand homme, quoiqu'il
n'ait pas eu personnellement de sujets éclatants de
briller par des actions signalées, qui souvent (pour
le bonheur de son peuple) manquent à sa gloire,
la modestie en retient l'étincelle, le moindre choc
peut la faire jaillir ; sans doute il y a plus de mérite à gouverner & conserver avec sagesse, qu'à
nuire ou détruire avec succès les ressources de l'ennemi de l'état, son repos deviendra un jour celui
du lion pour les puissances voisines, & celui de
la divinité pour la nation qui en jouira.

Les exercices en tous genres, ceux, j'entends qui
doivent contribuer au développement du corps &
à la souplesse des mains, rempliront depuis l'âge de
trois ans jusqu'à six les premiers instants de la nouvelle éducation. L'on appliquera mon Emile au dessin, pour lui délier la main par des objets qui
l'intéressent, par le spectacle des modeles & celui
de la nature riche & inépuisable. L'on accou-
tumera cette main insensiblement à la souplesse de ces contours liants & moëlleux que fournit le dessin, où il faut plus de légéreté & d'a-
dresse que de force & de précision ; cet exercice ouvrira son intelligence par l'imitation, & lui
en donnera le goût. De lui-même il ne tardera
pas à figurer les lettres qu'on lui aura nommées ou

qu'il aura appriſe ſur des tableaux. Il ne tardera pas
à imiter, à l'aide de la regle, à retracer, en jouant,
la regularité de l'alphabet géométrique, en appel-
lant le point, la ligne, la ſurface, le triangle, le
quarré, le pentagonne, l'exagonne, &c. &c. L'enfant s'habituera à connoître qu'un point généra-
teur peut laiſſer dans l'eſpace qu'il parcourt pluſieurs
points ſemblables à lui-même ; que cette ſérie de
points s'appelle ligne ; qu'une ligne génératrice peut
laiſſer pluſieurs lignes qui compoſent la ſurface,
la ſurface pluſieurs autres en s'élevant parallelle-
ment, ce qui forme le ſolide, &c. &c. Le degré
de connoiſſance qui ſuivra, ſans interrompre l'uſage habituelle de celle-ci, portera ſur l'étude de
la ſimple langue Françoiſe ou de la nation, dans
une grammaire dégagée de mots barbares & métaphyſiques, cet apprentiſſage ſera moins une
étude principale, qu'un repos aux exercices du
corps. A peine les enfants ſçauront-ils cette grammaire, qu'on exercera leur mémoire par de petits
dialogues qu'ils apprendront entr'eux ; il faut qu'ils
ſoient toujours analogues à leurs jeux : ces dialogues renfermeront un ſens moral qui ſera dirigé
ſur les rapports de l'humanité, de l'amitié & de
la bienfaiſance.

La grammaire Françoiſe ſera tellement faite,
qu'il ſera poſſible d'y ſubſtituer, quand on le voudra,
une grammaire pareille, ou il n'y aura de plus que
le mot Latin & la variante qu'exigeoit le génie de
la nouvelle langue, & ainſi de ſuite de toutes les
autres, quand dans l'ordre ou par la ſuite des tems
on voudra les faire ſuccéder.

Dès que les éleves ſçauront la grammaire imperturbablement, tant Françoiſe que Latine, on ne

leur fera plus faire que des verſions Latines, d'abord
en leur donnant le mot Latin à l'infini, au préſent, au participe, &c. On aura ſur-tout pris la
précaution de leur expliquer que ces manieres de
parler ſont relatives aux modes & à la meſure du
tems, ainſi que les ſubſtantifs ſont les noms des
choſes qui exiſtent & qui ſont dans leur commerce,
ſous leurs mains, dans leurs jeux; que les adjec-
tifs ſont les modifications, ou la maniere d'être de
ces corps exiſtants, corporels ou incorporels, &c.

Les ſujets des verſions ſeront toujours pris dans
la morale, appropriés à leur âge & à leurs exercices, aux expériences du jour.

On ſupprimera les thèmes, juſqu'à ce qu'ils aient
une parfaite aptitude de la traduction, & à l'aide
de la mémoire un aſſez grand nombre de mots
& un fond de Latin ſuffiſant pour les faire avec
aiſance, élégance & pureté.

Arrivés à ce point, il faudra les laiſſer quelque
temps jouir du fruit de leur facilité, & jamais
aſſez pour leur faire penſer qu'ils ont triomphé de
toutes les difficultés, crainte de relâcher le reſſort
qui doit être le principe de leur émulation.

Les verſions ſeront toujours priſes dans Pline le
naturaliſte, ou dans les repréſentations de la phyſique expérimentale, & on choiſira les morceaux
les plus corrects & les plus vrais dans la maniere
de rapporter les phénomenes de la nature; il faudra mettre de l'ordre dans cette étude, car l'ordre
aide la mémoire, & étend les lumieres de l'eſprit,
étend l'imagination qui féconde tous les germes.

Cependant leurs récréations continueront à être
remplies par tous les exercices du corps, réduites
en principes & dirigées vers un but utile & moral,

à l'effet de fortifier leur complexion, & développer leur souplesse, leur agilité, leur talent & leur goût.

On joindra de bonne heure à l'étude ci-devant dite des démonstrations & des expériences de mathématiques pratiques, en attachant leurs regards sur des lignes, des figures, qu'on leur aura fait exercer pour leur assurer la main : les mathématiques sont une logique pratique par où il faut toujours commencer. Tous les corps réguliers de mathématique, tel que le point, la ligne, le cercle, le triangle, le paralélograme, le pentagonne, le carré parfait, l'exagonne, le cylindre, la sphere, le décahedre, le cône, seront continuellement exposés sous leurs yeux, & connus comme un alphabet parlant, avec lesquels ils seront familiarisés journellement, sans qu'ils soupçonnent où peuvent les conduire les propriétés de ces figures, ni la démonstration de leurs propriétés. Si ce n'est à mesure qu'ils envoyeront dans la physique l'application journaliere.

A peine l'âge de la conception sera-t-il venu à l'aide de ces pratiques, qu'ils seront conduits dans un gymnase, où à titre de récréation on leur développera en expérience tous les effets de la propriété, de la matiere, de la méchanique & la statique, pour connoître le mouvement & les forces vives & le choc des corps entr'eux; chaque leçon préludera par la géométrie pratique en cette partie nécessaire à l'expérience. L'intelligence d'un enfant est comme un labyrinthe ! Il faut chercher un fil qui y est, mais qu'il faut atteindre, quelquefois il l'indique lui-même, d'autres ce n'est qu'en tâtonnant qu'on lesaisit. Ce fil est le rameau d'olivier dans la main de l'instituteur habile, c'est l'anneau de Cyges. On fera succéder l'hydrolique, la géostati-

que, l'optique, la dioptrique, la catoptrique, la
couſtique, le magnétiſme & l'électricité, &c. Tout
ce que ces connoiſſances meres de tous les arts
ont d'amuſant dans les expériences & dans le développement des machines, feront étalés à leurs
yeux d'une maniere intéreſſante & ſenſible, en dé-
gageant de ces connoiſſances les mots dont la
ſcience & le myſtere les avoient hériſſés : la marche de ces développements fera inſenſible, les exemples puiſés dans leurs jeux & à leur portée, ils con-
noîtront par degrés les ſources d'où ont découlés
tous les arts, le rapport des corps entr'eux, leur
méchaniſme, leur qualité & leurs poſitions reſ-
pectives. Par exemple, le ſpectacle de phyſique
expérimental, auquel fera d'abord admis mon
Emile, s'ouvrira par cette partie de la phyſique
propre à développer dans un certain ordre didac-
tique la proprieté des corps naturels ; on lui dira
que ce qu'on remarque dans les corps qu'il touche,
qu'il voit d'uniforme & de conſtant, dont on
n'apperçoit pas d'abord la cauſe, ſe nomme propriété de ces ſubſtances ; on partira de-là pour expliquer les différents phénomenes qu'on trouve ſur
la terre, dans l'eau, dans l'air, dans le feu, dans
tout ce qui renferme ces éléments ; on fixera leurs
idées ſur les attributs primitifs que l'on obſerve pour
connoître ce que les corps ont de commun entr'eux,
& en quoi ils différent *comme l'étendue*, juſqu'à
ce qu'on éleve leur eſprit à connoître la cauſe premiere, dont les attributs ſoient les effets ; enſuite on leur dira qu'il eſt des propriétés qui ne
conviennent à tous les corps qu'autant qu'ils ſont
en certain état ou dans telles circonſtances qui ſont
des combinaiſons des premieres, & forment une

deuxieme claſſe , comme par exemple , la *liqui-
dité*.

Enfin ces propriétés de la premiere & ſeconde
claſſe conviennent à un nombre de corps plus ou
moins conſidérables ; elles ne s'étendent plus à tous
les corps comme nous l'avons remarqué des premieres ; elles n'embraſſent point certaines ſituations,
certaines poſitions comme les ſecondes ; elles dif-
ferencient les gentes , les eſpeces , les individus mêmes , telles ſont les propriétés de l'air , du feu , de
la lumiere , des métaux , de l'aimant : ces trois ſortes de propriétés feront le ſujet des expériences.
Avant tout on leur expliquera ce que c'eſt que l'é-
tendue , la *diviſibilité* de la *matiere poſſible* , ce
que c'eſt que la *figure* , la *ſolidité* , la *réſiſtance* ap-
pellée *force d'inertie* , le *mouvement ſimple* , le
compoſé , les *forces centrales* , dont l'une s'appelle
centripede. l'autre *centrifuge* , la *gravité des corps*,
l'*hydroſtatique* , qui a pour objet l'*équilibre* & la
peſanteur des liquides en particulier ; la *méchanique* qui eſt l'art d'employer le mouvement des corps,
en conſéquence de ſes propriétés & de ſes loix avec
avantage , à l'aide des machines. Après avoir fait
devant mon Emile toutes les expériences curieu-
ſes & ſans nombre que fournira ce développement d'appareil & de ſpectacle , viendra l'a-
réoſtatique , l'*hydroſtatique* , l'*hydraulique* , l'*é-
lectricité* , les *expériences* ſur la *lumiere* , enſuite
la *catoptrique* , la *dioptrique* , dont l'une explique
les loix de la lumiere , l'autre ſes effets magiques ;
enfin après avoir mille fois vu & exercé dans toutes ces expériences mon Emile , il entrera dans la
phyſique ſpéculative & générale avec de bonnes

provifions, dont il citera les principes au tribunal de fes premieres expériences (1).

Toutes les parties de cette phyfique expérimentale qui peut tomber fous les fens, fera un objet fenfible & journalier dont le fpectacle & l'appareil fera mis fous fes yeux dès l'âge le plus tendre : bientôt l'habitude de ce fpectacle rendu intéreffant par des hommes du premier mérite, ouvrira merveilleufement l'intelligence des éleves, & développera leurs difpofitions ; un feul trait peut allumer chez eux l'efprit & le génie prêts à naître, nous en portons tous les germes différents, le rayon de lumiere qui les frappe les fait éclore.

Ce n'eft qu'à l'âge de douze ans qu'en répétant ces mêmes expériences, on les appliquera particuliérement à la théorie des principes fur tout ce qu'ils reverront de nouveau pendant le cours d'expérience phyfique qui marchera pour lors d'un pas égal avec leur étude, & ne ceffera d'être un fujet de fpectacle, de délaffement & d'amufement même. A l'égard des êtres organifés, il fera effentiel de faire remarquer à mon éleve une vérité, dont je ne puis m'empêcher d'être pénétré, qui eft que tous les êtres, à proprement parler, font fenfibles à leur maniere, & du plus au moins que tout eft en mouvement dans la nature ; que fi le mouvement pouvoit ceffer, la matiere s'anéantiroit; que l'anéantiffement implique contradiction avec l'exiftence

____

(1) Pendant tout le cours de ces études l'on ne fouffrira point de lecture aux enfants fi l'on en excepte l'hiftoire naturelle de M. le comte de Buffon, ou tous autres livres concernant l'hiftoire naturelle, célefte ou terreftre.

d'un être suprême & bon (1) ; l'homme qui les détruit méconnoît trop leurs cris, fait trop peu d'attention aux efforts qu'ils oppofent à leur décompofition. Cette remarque & fon application dans la recherche du phyfique, conduit à des moralités plus importantes qu'on ne fe le perfuade, & fi le fyftème de Pythagore fur la fenfibilité des êtres n'eft qu'une fable ingénieufe dont la vraifemblance ne peut être abfolument démontrée, elle n'en honore pas moins la divinité, & eft propre à donner à l'homme le refpect & le degré d'admiration qui doit étendre fa fenfibilité compatiffante envers fes femblables, & lui donner occafion de s'attacher à l'étude des êtres qui compofent la nature pour en connoître l'enchaînement & les merveilles; je fuis perfuadé d'ailleurs qu'une nourriture eft d'autant plus MAL SAINE pour l'homme né pour être frugivore, que la deftruction de l'animal qui en eft l'objet a plus coûté à fon cœur, à fes efforts, à fa rufe ou à fon bras, &c. &c.

Bientôt après l'art de la méchanique, l'exercice de la tactique fera amené naturellement, des machines fimples & compofées feront fous leurs yeux analyfées à l'aide des principes de mathématiques qui préluderont toujours comme néceffaires à l'intelligence de toutes ces opérations. Dans la combinaifon des figures, il connoîtra les principes des

---

(1) *In Deo vivimus, movemur, & fumus* (dit Saint-Paul d'après le Saint Efprit. Je fuis loin de penfer comme Spinofa, mais je crois que le repos abfolu procureroit l'anéantiffement de la matiere, & que fon attribut conftitutif eft le mouvement ; tout, depuis les marbres jufqu'aux tombeaux, prouve cette vérité.

évolutions militaires , &c. & tout ce qui tend à la voie la plus courte pour opérer la souplesse des corps, leurs combinaisons & leurs effets.

C'est ainsi qu'on sondera la capacité de chaque éleve, & qu'une fois parvenu à ce point, on leur remettra continuellement devant leurs yeux toutes les différentes parties de la physique expérimentale, tandis qu'ils s'exerceront sur les principes, soit à l'aide des versions , soit à l'aide des themes.

Immédiatement après cette étude il faudra faire succéder celle de l'histoire naturelle, l'histoire de tous les animaux vivants, ceux particuliérement qui sont à l'usage de l'homme, dont on leur fera un nouveau sujet de spectacle en la maniere accoutumée, & y joignant des explications appropriées à leur intelligence. Bientôt on leur dévoilera la marche uniforme & mesurée de la nature, ses loix constantes, en leur indiquant, par exemple, ce principe de *moindre action*, en vertu duquel tous les *corps se meuvent suivant des loix uniformes & constantes*. D'après la premiere impulsion on leur observera que ce chef-d'œuvre d'ordonnance & d'harmonie démontre à un point sublime la profonde sagesse du grand architecte des êtres; que cet être magnifique a par-tout *interrompu l'équilibre dans la composition des corps mixtes pour mettre tout en action*, & produire des transfigurations, une magie surprenante, enfin des résultats merveilleux.

C'est de-là qu'on prendra souvent occasion de leur donner une idée grande & sublime de DIEU, & dès-lors cette idée ne sera plus ni si métaphysique, ni si pénible à leur foible intelligence; elle deviendra le comble du succès dans l'art de graver dans leurs cœurs la plus saine morale; car on

leur fera remarquer que les principes & les loix
fages avec lefquels il gouverne & tempere toutes
chofes, font les fymboles harmoniques & les vrais
archêypes fur lefquels doivent fe modeler la conduite des hommes entr'eux, & d'après lefquels il
eft de leur intérêt, de leur fageffe même, de leur
bonheur de confentir à gouverner S'ILS SONT
ROIS, & à être gouvernés S'ILS SONT SUJETS.

On leur dira que c'eft fur ce plan confervateur
qu'ont dues être formées toutes loix fages ; que c'eft
en imitant ce plan que les fouverains apprennent
à régner, les fujets à obéir, en gardant toutefois le
pofte que le hafard & la nature leur a départi ;
que la fomme du bonheur eft prefque égale les uns
comme pour les autres ; que fi les hommes pou-
voient lire réciproquement dans leurs cœurs, il
s'en trouveroit peut-être plus de ceux qui voudroient
defcendre à telle condition au deffous de la fienne,
que de ceux qui voudroient monter ; que la perfection feule dans chaque genre donne des jouiffances qui étendent l'exiftence & mettent des
diftinctions réelles de tel homme à tel autre
homme.

C'eft en fuivant cette marche que nous croyons
qu'il fera poffible de graver dans le cœur de mon
Emile, en trait de flammes, la majefté de Dieu,
celle de la religion & du culte, la reconnoiffance
envers lui ; principes d'où découlent comme d'une
fource intariffable nos devoirs & nos obligations
envers la fociété, le fouverain & la patrie ! Le culte
de l'Être-fuprême n'importune que les ingrats ; il
échauffe l'ame, il l'éclaire, il eft le foyer des
grandes & belles paffions, &c. &c.

C'eft auffi fur ces mêmes bafes que portent les
loix

loix fondamentales du droit naturel, du droit des gens, du droit des nations, les relations de peuples à peuples, d'homme à homme ... Le tableau de la bienfaisance du maître doit rechauffer tous les cœurs, hors de-là EST LA MORT PIRE QUE L'ABRUTISSEMENT ; car ceci est entendu dans le sens moral; c'est en effet vers cette morale que tout ce que nous venons de dire doit conduire l'élève comme par la main, & dès l'abord on lui apprendra que les passions qu'elle doit régler au flambeau de la raison (qui est elle-même une vraie révélation); on lui apprendra, dis-je, que les passions sont bonnes en elles-mêmes, & faites pour aiguillonner l'homme & le tirer de l'état d'apathie & d'indifférence où il tomberoit sans elle ; qu'elles sont les conservatrices de son existence ; mais que la raison doit en être la modératrice ; que l'application des passions contre le droit de l'humanité, de la société & de la patrie les rendent punissables, perverses & détestables ; que le principe de toutes vertus est de les appliquer au bonheur des autres, à la conservation, & de les tempérer dans leur excès.

Que l'amour-propre est le foyer des passions dans l'homme, sans lesquelles il ne peut exister ; mais que la raison doit tenir le gouvernail, & modérer leurs efforts suivant les plus vrais intérêts de celui-ci qu'elle doit mieux connoître.

Que l'amour de l'ordre & de la justice produit toutes les vertus ; que tous les vices favorisent l'amour mal entendu & destructeur de nous-mêmes, tandis que les vertus s'accordent à combattre l'amour excessif de nous-mêmes, que la valeur l'expose, la modestie l'abaisse, la générosité le dépouille, la modération le mécontente, le zèle du bien pu-

H

blic l'immole, tous le font valoir pour nous rendre
à nous-mêmes plus chers par les sacrifices que
nous avons fait aux autres ; mais rien ne l'anéantit,
& les vertus ne lui préparent que des triomphes
plus délicats, plus sensuels, dont la jouissance est
ineffable dans les grands hommes. Oui sans doute
il est un amour-propre, légitime autant que naturel, dont la raison & la justice sont les justes
mesures ; il en est un autre aveugle, & qui entend mal ses intérêts les plus chers, & c'est dans
ce dernier cas que les lumieres d'une bonne éducation doivent servir à redresser le cœur. » Dans le
» doute qu'une action soit bonne ou mauvaise ,
» l'on doit porter la délicatesse plutôt à s'abstenir
» que de courir le risque de faire une mauvaise
» action contre le vœu de son cœur. *C'est langage*
» *de Confut-zée , ce philosophe de l'Inde* «.

L'Homme du Monde.

On apprendra à mon Emile à plaire sans bas-
sesses, à montrer de l'estime & de l'amitié à
ses égaux, à tempérer sa supériorité d'une douce
& noble aménité envers ses inférieurs, à conserver de la dignité envers soi-même.

Sans doute, il faut que l'on lui apprenne à se
respecter, la source du bonheur est dans la paix
de l'ame & le témoignage de la conscience, c'est-
à-dire, dans le sentiment d'un honneur délicat.

On lui expliquera que le principe positif &
moral de la vraie vertu, & peut-être de toutes les
loix humaines, est de prendre pour obligation im-

(115)

mable de faire à autrui tout le bien possible &
relatif pour son propre intérêt ; que s'abstenir de
faire du mal n'est qu'un second degré qui laisse
l'homme froid & cruel, si son indifférence per-
fide n'est justifiée par le desir de faire le bien, &
l'impuissance de pouvoir y atteindre ; que l'observation unique de ce principe est l'art du bonheur
& le vrai résultat de la science morale ; que l'in-
gratitude ou l'espoir de la reconnoissance ne doivent jamais ou l'attroiblir, ou l'avilir, puisque c'est
un dû & un acquit fait à l'humanité entiere dont
il resserre par-là les obligations envers lui. Hors
de ce principe point de galant homme. Il n'est
point d'homme vertueux, il ne devroit point y
avoir de salut, & ceux qui ne le pratiquent pas ne
sçavent point s'aimer, & ne sont retenus que par la
crainte des bourreaux ou par l'égoïsme, l'engour-
dissement & l'ignorance, ce qui est encore pis &
plus détestable. C'est pour ceux-là que les loix coac-
tives sont faites, & pour les faire trembler que les
échafauds se dressent.

C'est ainsi que les premiers principes des choses
qu'on aura fait étudier à mon Emile, & dont on
aura charmé ses regards naissants se fonderont, pour
ainsi dire, & couleront dans ses mœurs pour faire
de son être un ensemble touchant, & peut-être
surprenant, au moins précieux à la société & à
lui-même ; car au sein des grands emplois combien n'est-il pas d'hommes, qui avec des maximes vulgaires sont tourmentés par leur propre in-
suffisance ; la RAISON SEULE ET L'ÉDUCATION
UTILE, ôte les SOUCIS DE L'AME ET NON
LES PLACES.

Mais il ne suffit pas d'en faire un être humain,

H 2

un citoyen ; il faut en faire un patriote, un être religieux, un excellent sujet.

On fera succéder à toutes ces choses l'instruction sur les devoirs envers la patrie ; on expliquera alors à mon Emile toutes les branches de conventions sociales, morales & politiques ; on citera des exemples de zele & d'amour envers la patrie ; on allumera. s'il se peut, dans son cœur le feu de la gloire ; on lui développera les qualités nécessaires pour la mériter ; on donnera à son ame une puissante énergie, de loin on lui fera voir les vrais patriotes, les vrais grands hommes au bout de la carriere qu'ils ont parcourus ; on les lui montrera couverts de poussiere, couronnés par le prince, embrassés par la patrie, & exaltés par les cris de joie, le suffrage & les larmes attendrissantes de tout un peuple.

L'Homme patriote & religieux.

Après avoir instruit cet éleve dans ses devoirs envers Dieu, envers la personne sacrée du prince, & cette mere commune de tout bon citoyen, on l'instruira plus particulierement encore de la religion, du culte, & des cérémonies qu'il n'aura mis jusques-là qu'en pratique.

Il sembleroit que toutes les idées métaphysiques ne devroient venir qu'après avoir fait dans l'esprit de l'éleve un fond de connoissances & de morale, & qu'après avoir formé son cœur, qui n'en recevra que plus dignement l'impression de la vraie religion, au moins nous l'avons préparé à recevoir

celle de la divinité d'une maniere plus solide &
plus inébranlable.

Toutes ces connoissances, tant physiques que
morales, donneront à sa piété une énergie qu'elle
n'a pas d'ordinaire dans la jeunesse : tout ce qui
précede est une préparation à recevoir cette idée
auguste de la religion qu'on ne doit point placer
par subreption & machinalement dans l'esprit ;
c'est tout ce qu'on pourroit faire pour préparer
à adopter des idées mensongeres & nuisibles à
la justesse de l'esprit ; car il faudroit alors se servir
du moyen de l'insinuation, s'y prendre de bonne
heure, & encore dans ce siecle de lumiere seroit-
il peut-être plus utile de reculer dans l'éducation
les idées abstraites & métaphysiques, que de manquer son but, en ne laissant dans l'esprit de la jeunesse rien qui pût en remplacer l'énergie.

Pour ne rien laisser à desirer dans un pareil plan
d'éducation nationale, on s'attachera à instruire
l'éleve des usages, des mœurs, des coutumes générales de l'esprit particulier & du génie de la nation,
ou des nations parmi lesquelles il aura à vivre, pour
de-là l'entretenir rapidement des loix fondamentales, tant monarchiques, civiles que militaires ;
on lui donnera une idée des gouvernements simples & de la monarchie mixte, de la république,
de l'aristocratie, de la démocratie, du régime
féodal, en lui observant que les loix de ces différents gouvernements ont pris naissance, soit d'anciens usages, soit d'anciens abus, auxquels il a fallu
remédier, & sont venus au secours du prince &
de la patrie pour maintenir ainsi l'équilibre, &
conserver sain & entier le corps politique ; que
plusieurs enfin plus particulieres & plus nombreu-

ſes ont été introduites pour défendre, protéger &
régler les droits, les rangs & les propriétés des
individus qui compoſent la ſociété civile (1).

Et comme nos loix pour la plupart ſont vieil-
lies, compliquées, accablantes par leur nombre,
relatives ou éphémeres, & par l'effet d'une criſe continuelle dirigées vers le mieux, ſans avoir encore
pu l'atteindre, vu les principes conſtitutionnels dont
on eſt parti; qu'elles ſont ſouvent contradictoires;
que ſous un regne plein de maturité & de ſageſſe,
l'art de les refondre par un mouvement inſenſible eſt peut-être arrivé, & enfin qu'en précipi-
tant l'éleve dans ce labyrinthe, il ſeroit plus propre
à déconcerter l'eſprit de juſteſſe qu'à l'édifier; on
n'attachera ſon eſprit qu'à celles qui ſont primor-
diales, fondamentales, & qui auroient dû ſervir
de creuſet à toutes les autres; on lui expliquera
celles, qui venues au ſecours de la malice des
hommes ſont les premiers chaînons dans chaque
diviſion, en remarquant que le génie national, ſa
gravité ou ſa légéreté, ou même ſa pétulance les
ont déterminés autant que les circonſtances & les
relâchements des mœurs.

L'éleve arrivé à ce point fera une étude particuliere des loix, du ſyſtême du monde, de celui
de la ſphere & de l'aſtronomie ſous tous les rapports où ces ſciences ſe tiennent. On lui récapi-

---

(1) Il eſt preſque démontré que tous les gouverne-
remens tirent leur origine & ſont des modifications
du gouvernement patriarchal : plus ils s'en éloignent,
plus ils ſont imparfaits; plus ils s'en approchent,
plus ils deviennent inébranlables : de-là une fauſſe
politique a redouté le népotiſme à un point ſi ridicule,
qu'il n'eſt reſté que l'égoïſme dans les têtes.

tulera ce qu'il aura appris en mathématiques, en géométrie, en le préservant de la sécheresse de ces sciences; on lui fera sentir le service qu'elles rendent aux trois premieres, & particulierement à la physique. Dès-lors il ne sera plus dangereux de l'initier dans la trigonométrie, dont il n'aura reçu jusques-là que des teintures imparfaites, & pour seconder les différentes occasions où les expériences physiques ont appellé cette science à leur secours; en un mot, l'étude de mon Emile doit être une logique pratique continuelle, à laquelle la physique expérimentale & l'histoire naturelle serviront continuellement de MATIERE, d'EXERCICE, d'EXEMPLE & de SPECTACLE.

Si son génie a de la disposition à se prêter à l'analyse, à l'aide de l'algebre, des équations & des calculs différentiels, on lui apprendra l'art d'embrasser un plus grand nombre d'idées, de les comparer pour en avoir des résultats précis, avec une briéveté & un laconisme merveilleux. Après avoir commencé l'éducation de mon Emile par la sainthese, on la perfectionnera par l'analyse, pour augmenter, développer de plus en plus l'étendue de ses connoissances & celles de son intelligence; on le rompera sur cette pratique, les sections coniques viendront merveilleusement à propos pour l'y exercer. Pendant ce temps on lui fera un jeu de la pratique de l'art, l'art de tirer les plans & du lavis; il exercera ce dernier art dans ses promenades & en tout genre; on insistera plus ou moins sur ces connoissances, suivant que l'on trouvera plus ou moins de dispositions dans les éleves que l'on classera à l'ordinaire d'après la connoissance qu'ils auront acquise; & comme les éleves dans ce systême doivent être plutôt les éleves de l'état que ceux d'une destination aveugle & peu raisonnable, leur goût & leurs dispositions doivent être privativement consultés.

Bientôt on appliquera ces connoissances à l'astronomie & à ses phénomenes ; on leur apprendra historiquement les différents degrés d'imperfection par où cette science a passé chez tous les peuples avant que de les instruire du degré d'élévation qu'elle a acquise : car l'ignorance ou les erreurs des autres, en fait de connoissance, font un puissant stimulant pour graver dans la mémoire les découvertes perfectionnées.

THÉOLOGIE
NATURELLEC'est alors qu'en se resumant on élevera son ame à commercer avec le ciel & la terre, à l'aide de toutes ces pratiques, les microscopes & les télescopes ouvriront au jeune éleve de vastes sujets de méditations & de réflexions ; c'est alors que l'idée de la divinité, à la vue de la marche sage & mesurée de ces corps immenses qu'elle a suspendus sur nos têtes, demeurera profondément gravée dans de jeunes cœurs , & leur inspirera des sentiments d'admiration & de reconnoissance inépuisables : tout ce spectacle se développant à leurs yeux, leur fera aimer leur existence, leur fera chérir & respecter celle des autres !

Ces études dirigées par des mains habiles & légeres rendront la piété envers Dieu, la charité envers les hommes ineffaçables , & l'état recueillera le fruit d'une éducation bien rare, si l'éleve connoît par le fait & par les causes ce qu'il doit à l'un & à l'autre, & la conduite qu'il doit tenir envers la nature entiere.

Mais bientôt ramenant ses regards vers la terre,

on terminera cette éducation par la géographie, qui est l'œil de l'histoire ; car jusques-là il lui sera absolument interdit d'en lire aucunes.

Aucuns des auteurs classiques usités actuellement dans les colleges, ne pourront être mis sous les yeux! De tous, l'*Historien* sans doute pourroit paroître le plus indifférent, & il est cependant le sujet d'un des principaux vices de l'éducation dominante : on a mal à propos tout sacrifié à l'élégance de la latinité, à un faux vernis académique qui ne produit que la confusion dans les idées, la boursouflure & le moralisme ! Il semble même que ce choix dans les livres classiques soit plutôt fait pour amuser & achever de former l'éducation pédantesque d'un professeur, que pour faire des éleves à l'état ! En sorte que les hommes semblent par-tout avoir travaillé pour leurs personnes dans toutes les opérations qu'ils dominent ; ici ils exaltent les ouvrages de leurs mains, là ils font adorer les vains chefs-d'œuvre de leur imagination, plus loin ceux de leurs esprits, par-tout ils se plaisent à donner aux mensonges de l'amour propre & de la cupidité, la fraîcheur de la nouveauté & de l'utilité ; les instituteurs de ce jour rendent donc de jeunes enfans les tristes victimes de leur propre goût & de leurs amusemens, sans égard pour la pureté des mœurs qui demandent à être inspirées par une morale suivie & raisonnée par le développement de principes appropriés à la foiblesse de la nature humaine, comme s'il suffisoit, à quelque prix que ce fût, de parler une langue que les auteurs ou les historiens ont rendu dangereuse, n'ayant point écrit pour la jeunesse.

Ces historiens n'écrivoient que pour instruire le

loifir des hommes faits , & d'une complexion
affez robufte pour juger les événements , les apprécier relativement aux mœurs , ou pour les
amufer ; car on ne peut nier que l'hiftoire ne foit
le plus fouvent le tableau des excès & de la dépravation des hommes ; ce font même là les traits
qui frappent & intéreffent le plus fenfiblement un
jeune cœur. O ma patrie ! ô aveuglement inconcevable !

Cette erreur de notre éducation actuelle (on
pourroit dire peut-être cette étourderie, fuite de
la barbarie d'un fiecle peu éclairé qui a amené
ce genre d'inftruction dans les écoles) eft en partie la caufe du mauvais effet qu'elle produira toujours : ne voit-on pas dans ces écoles le prêtre qui
gouverne l'encenfoir d'une main contraire à fes
propres principes religieux, expliquer de l'autre
à fes éleves un auteur profane, licencieux, équivo-
que, ou un hiftorien qui n'a pu s'empêcher de pein-
dre des mœurs déréglées avec cette grace & ce
coloris fait pour amufer le loifir de la poftérité,
& lui mériter de vivre dans l'opinion de la race
future ; tantôt il excite la curiofité avec art ; tantôt
il la confole d'une maniere flatteufe & féduifante
d'avoir des mœurs plus raffinées, non moins per-
fides peut-être, mais moins groffieres que celles
qu'il dépeint, fouvent il fait admirer la valeur &
le courage jufques dans les plus grands forfaits.

Pour nous, Monfieur, jaloux du bonheur de
notre Emile, jaloux de ne point dépraver une
nature que l'on ne peut, ni on ne doit dire cor-
rompue fans faire injure aux lumieres de la faine
raifon, nous avilir & nous décourager dès le premier pas que nous faifons dans la carriere, nous

ofons penfer que l'hiftoire eft à l'efprit ce que les romans font au cœur ; je fuis le feul, peut-être, qui ait jamais ofé ouvrir cet avis ; il ne peut paroître hardi qu'à ceux qui fe refuferoient d'y réfléchir.

En effet, l'hiftoire égare l'efprit qui n'eft pas affez formé pour en apprécier les faits & les juger, ainfi que dans le monde le crime y eft prefque toujours heureux, & la vertu fouffrante ou avilie : ce tableau contrafte avec la faine morale, l'ébranle, ouvre l'efprit, a la curiofité d'effayer toutes les fituations, & n'eft fait que pour infecter les meilleures difpofitions dès l'âge le plus tendre.

Les romans égarent le cœur, & ne conviennent gueres qu'à l'homme blafé, qui a befoin de fituation, & d'être vivement ému afin d'être rappellé à la vie.

(1) Si les romans font moraux, & que la trame en foit habilement ourdie au profit de la vertu, les tableaux en font chargés d'actions gigantefques, prefque toujours difparates & invraifemblables ; alors ils ne font que des fortsfands de vertu, quelquefois des fanatiques ou des phrénétiques de plus d'une efpece, par-là même ils font dangereux & mal digerés par un eftomac débile, ou lus avec trop d'avidité par une imagination ardente, qui bientôt fe porte à des excès ; Fénelon même qui eft un excel-

---

(1) Jean-Jacques Rouffeau nous apprend dans fes Confeffions que la grande quantité de romans qu'il avoit lu avec fon pere dans fon enfance, avoient échauffé fa tête ; c'eft bien là la fource de fa fingularité ; il a été lui-même le héros d'un roman plus original que tous ceux qu'il a jamais lus.

lent livre, demande d'autant plus de maturité.

D'ailleurs en toutes choses il faut une mesure & des principes faits, l'esprit des choses & non celui des mines, pour définir, comparer, juger, élaguer, connoître les convenances & les disconvenances : car osons le dire franchement, & que l'on daigne nous le pardonner, il est tel homme qui, au bout d'une longue vie, n'a dit que des mots, tel autre ne fit que des phrases, celui ci n'eut que l'art des mines. Sur tous ces êtres on pourroit dire avec Phedre, *O quanta quanta species ;* mais l'ame & l'esprit des choses doivent dicter impérieusement la maniere de les exprimer; c'est à leurs lumieres que doivent se broyer les tons & les couleurs qui doivent les imprimer avec grace dans l'esprit & dans le cœur d'autrui.

Or l'histoire & les romans par les exemples qu'ils retracent à l'esprit d'un jeune homme ainsi qu'à son cœur, peuvent déranger le premier encore sans consistance, & entraîner le second dans des passions bizarres, en apprenant à l'un & à l'autre à essayer de toutes positions du déréglement de toutes les sensations !

Osons dire bien plus, dans les jeunes années de la vie, la lecture de l'histoire en général est encore plus pernicieuse que celle des romans, l'histoire étant présentée comme la collection des faits qui sont arrivés ; dès que la possibilité s'y trouve, il n'est rien que la jeunesse audacieuse ne tente pour essayer son effort, pour s'élancer au-delà d'elle-même, & éprouver des sensations ou des situations sur lesquelles elle a des exemples & des leçons. Or l'histoire est la plupart du temps l'arsenal des manœuvres, des ruses & des

intrigues les plus f duifantes & les plus heureu-
fes ; indifféremment elle eft le tableau de la vertu
humiliée ou du crime triomphant ; l'on ne peut
fe flatter de fauver cet inconvénient ! C'eft donc
en cela même que l'hiftoire eft dangereufe, &
que fon venin fubtil fe diftille goutte à goutte dans
de jeunes cœurs ; d'ailleurs à cet âge pourquoi
remplir la mémoire de dates, d'anecdotes, de
faits dont la bizarrerie fuit la marche du cœur humain corrompu, & tout cela, fans utilité certaine
pour l'éducation ; il s'agit du moment précieux
où fe prennent les premieres impreffions, & dans
le doute fi un premier fait peut être bon ou mauvais, la prudence eft de n'en pas courir les rif-
ques.

S'il étoit néceffaire d'appuyer davantage fur
cette vérité, on ajouteroit que la jeuneffe, naturellement curieufe, fe porte par ce fentiment à
faire l'effai de tout ce qui eft, ou défapprouvé
ou défendu ; en forte que la curiofité (ce mobile
heureux de notre développement & de notre
éducation, enfin de nos connoiffances), devient
fouvent par les exemples & les autorités de l'hiftoire une fource de perverfité ; de-là viennent ces
êtres indécis & fans caractere, parce qu'ils ont
celui de tous ceux qui leur ont fait plaifir ; de là
viennent ces êtres faux ou méchants, fouvent in-
compréhenfibles ; ils retracent à la génération
étonnée des rufes & des faits dont l'hiftoire feule
fournit les exemples les plus rares.

En un mot, étudier l'hiftoire fans avoir fait
un fond de morale préalable, c'eft faire paffer
dans fa mémoire les opinions, les mœurs & les
paffions des hommes ; c'eft les approfondir pour

être plus adroit, avec moins de mérite du côté de la vérité du caractere; c'est d'avance priver le jeune éleve de la bonne opinion qui lui sieroit si bien d'avoir de l'humanité entiere, & qu'il est nécessaire qu'il ait pour donner un poids à la morale; c'est lui ôter celle de lui-même, c'est lui apprendre à empoisonner le peu de bien que font les autres, par des doutes, par des soupçons; c'est faire passer dans son jeune cœur (comme nous ne sçaurions trop le répéter) toutes les situations, toutes les rufes des ames basses ou corrompues qui ont eu des succès; c'est enfin lui aider à justifier par la suite toutes ses foiblesses, & le familiariser avec le remords ! Pour qu'enfin l'histoire pût servir à l'éducation sans en déranger le succès, il faudroit que l'œil de l'innocence ne pût recueillir ou contempler par l'effet de ses lectures que les tableaux qui ne vivifient & n'immortalisent que les actions d'humanité, de modération, de vertus, de patriotisme & de grandeur d'ame, & qu'elle ne fut qu'une galerie où mon Emile pût aller fortifier ses principes de morale par des exemples qui elevassent son cœur & fortifiassent son ame ; mais hélas ! l'histoire n'est que le témoin des temps & le tableau des mœurs plus ou moins corrompues.

Cependant le croira-t-on ? dans ce siecle de philosophie & de lumiere, l'histoire fait la base, la matiere premiere, la clef dont on se sert pour ouvrir l'intelligence de la jeunesse, qu'on y réfléchisse ! C'est peut-être une des fortes raisons pour laquelle les progrès sont si lents, l'éducation si stérile, si pédantesque, & produit des effets si bizarres enfin, pour laquelle elle devient si inutile & réussit si mal.

Pourquoi donner à un enfant le goût d'un genre qui répand de l'incertitude & de la confusion dans les idées, & cela auparavant que d'avoir gravé dans son cœur les principes de la saine morale qui lui puissent servir de sauve-garde & de mesure pour juger & n'être point séduit par le tableau de Cléopatre, recevant son amant dans l'isle de Tarce, &c (1.) POURQUOI parler d'Alexandre, de César & de Pompée, à qui ne connoît ni son existence physique, ni son existence morale, & qui ne sera peut-être jamais ni ROI, ni CONQUÉRANT, ni EMPEREUR, ni RÉPUBLICAIN. Pourquoi exposer le génie des éleves à se déterminer au hasard d'un trait historique qui les aura frappés, & les rendra toujours peu semblables à eux-mêmes, & tout au moins déplacés & disparates en société.

Il se peut qu'une histoire, un trait historique ait fait de grands hommes, & donné lieu à de grandes actions, l'histoire d'Alexandre fit peut-être Charles XII, roi de Suede; ce fut un mauvais service que l'histoire lui rendit, mais l'ex-

____

(1) Voyez la description voluptueuse que le rhéteur austere Rollin fait des fêtes données par Antoine à Cléopatre dans l'isle de Tarce, *Histoire Romaine.* A combien de jeunes gens la lecture de cet endroit n'a-t-il pas coûté l'innocence, & les autres, & les autres, &c. &c. &c. Ne chassez point la nature, mais malheureux pourquoi, pour paroître aimable, pour envelopper dans votre prétendue vertu, plaire même aux libertines. provoquez-vous la nature avant le temps? Vos histoires sont des serres chaudes où tout vient avant la maturité, & où tout manque de l'excellence & du bon goût que donne la nature à son point de maturité.

périence & la pratique firent Pierre le Grand. Il ne lut point Quint-Curce, mais il apprit à être plus qu'Alexandre & César dans une baraque de conſtructeur de vaiſſeau ſur les ports de Hollande (1).

D'abord il faudroit définir ce qu'on entend par les grands hommes que l'hiſtoire a fait, & l'on verroit que les motifs extérieurs qui les firent grands aux yeux de la patrie auroient pu les humilier, s'ils euſſent été connus dans leur particulier.

L'homme vraiment grand, l'eſt, (ſi je ne me trompe) avec aiſance & nobleſſe dans les actes domeſtiques, autant que dans les actes publics ; tels furent les Titus, Marc - Aurelle, Henri IV, &c. Si toutefois il eſt vrai de dire que les belles actions, les actions d'éclat ne ſuffiſent pas pour faire le grand homme ; en effet, il faut que le motif ou le mobile qui le fait agir ſoit pur, noble, généreux, placé & puiſé dans les ſources de la vertu du bien public ou du bonheur de l'humanité. L'homme qui a pour baſe de ſes actions le zele & l'amour pour ſes concitoyens, pour la patrie, pour ſon roi, eſt ſans doute un grand homme. Si la vaine gloire ou ou quelques intéréts abjets ou minces le déterminent à nos yeux, le grand homme s'évanouit, & l'homme ordinaire reſte.

L'éleve conduit pas à pas à ce degré de maturité & de connoiſſance, pourra ſans doute

____

(1) O Sardam ! village immortel par le grand homme qui honora ton port, tu dépoſes à jamais contre le ſyſtême de notre éducation gothique. C'eſt à Sardam qu'il faut aller s'élever à la théorie par la pratique & le ſpectacle.

s'appliquer

s'appliquer à l'étude de l'histoire, des religions, des cultes, des cérémonies, mœurs & usages de chaque nation ; c'est par cette connoissance qu'il sera conduit à juger de leurs loix, de leurs coutumes. Ces points cardinaux sont les sources d'où ont découlé les loix, & qui indiquent les mœurs ; celles-ci indiqueront leur génie, mais sur-tout on lui fera remarquer que l'histoire des nations sages est courte ; que leurs loix sont uniformes, simples & en petit nombre. Que celles des nations barbares & scélérates est longue, sanguinaire, & quelquefois diffuse, soit par la foiblesse des historiens, soit par l'incertitude des faits. Mais qu'en général le tableau des révolutions a toujours une cause puisée, soit dans la superstition, soit dans le combat perpétuel que se sont livrées les passions dans des siecles d'ignorance & d'erreurs.

On observera sur-tout que les histoires les plus instructives pour le commerce de la vie & la connoissance des hommes, sont celles qui entrent dans le détail de leur vie privée, où l'homme est moins fardé & plus à découvert, tels que les memoires, &c. Ceci préparera mon Emile à se tenir dans le monde, comme dans un observatoire, avec la discrétion & le silence qui peut lui faire connoître la nouvelle scene où il doit un jour jouer un rôle, en prenant toujours garde que dans la jeunesse un excès de modestie peut se changer en une langueur de l'ame qui retienne son ressort, & affoiblisse son énergie.

Au reste, on observera à mon Emile, lorsqu'il sera sur le point de quitter cette étude de l'histoire de son pays, qu'il est toujours avanta-

geux de la lire dans fes fources avec affez d'attention pour en faifir l'enchaînement ; qu'elle eft
le plus fouvent l'hiftoire des penfées, des idées
& de la maniere de voir de l'hiftorien ou du
rédacteur, que celles des hommes qui ont vécu
dans tel fiecle : raifon de plus pour s'attacher à
la partie de l'hiftoire qui traite de la religion,
du culte, des cérémonies & des mœurs; il verra
peut-être après cette étude avec effroi qu'il en faut
plus fcavoir dans ce fiecle corrompu pour mener
une vie innocente & pure, qu'il n'en falloit fçavoir autrefois, & qu'à l'élégance, à la recherche,
au vernis de politeffe près, les hommes furent
toujours les mêmes ; qu'ils n'ont fait après plufieurs
fiecles que changer d'objets & de vêtements, &
qu'à les éclairer de près, la plupart font des enfants libertins, qui fe font toujours battus pour
leurs grelots.

Il eft fenfible que cette nouvelle étude donnera
lieu de rappeller à l'eleve les principes de la morale, ceux de la religion : la morale entr'autres
fera la bouffole, qui le conduira pour exercer fon
jugement fur les faits hiftoriques ; c'eft elle qui le
garantira de ce que le tableau des crimes qui y
font tracés peut avoir de dangereux pour un cœur
novice ! c'eft alors que fon génie planant, pour
ainfi dire, fur l'océan des temps qui fe font écoulés, s'enrichira des fautes paffées pour les éviter.
Il fe confirmera dans fes principes, & ne verra
rien de mieux que les vertus.

Nous voilà arrivés au moment où fe développent toutes les paffions, où le fentiment prend
une énergie, & déjà mon Emile aura acquis
de la précifion dans l'efprit & un tact fûr ; on

ne doit plus craindre de le livrer à l'étude de l'é-
loquence, on lui dira qu'elle n'est que l'art d'a-
doucir les traits austeres de la vérité, celui de
soulever les passions en sa faveur, celui d'exciter
la chaleur de l'ame vers le bien & le devoir
qui ne sont eux-mêmes que le bonheur. Que dis-
je, il sera déjà éloquent ; car la vrai éloquence
n'est que la vérité des principes & des sentimens
mis en action dans la circonstance par la chaleur d'un cœur droit & d'un esprit éclairé.

On lui fera sentir que l'éloquence devient un
glaive dangereux dans la main du mensonge ;
qu'elle est la protectrice de l'innocence contre les
passions des hommes & leur insousiance, mais
qu'elle embellit tout ce qu'elle touche par ses couleurs persuasives & séduisantes.

L'aimable & riante poésie aura son tour, &
on fondera son goût sur tous ces genres.

Je n'ai point mis dans le rang des connoissances à donner à mon éleve la botanie, la
minéralogie, l'anatomie, l'astrologie, la pan-
génésie & la chymie, &c. ; étant bien entendu
que chacune de ces sciences doivent être appli-
quées à l'espece d'éleve qu'on veut faire, & qu'il
faut les distribuer dans les différents colleges qui
doivent concourir aux différentes éducations, en
commençant toujours par donner une teinture
de ces connoissances, & passant sur le champ
à l'art de les développer à l'aide des expériences
qui doivent faire spectacle pendant tout le temps
que durera l'éducation : cette maniere abrégée
applanit tout, & remue fortement l'ame de
l'homme que l'on croyoit le plus insipide, le plus
lourd & le plus mal-adroit.

Ce n'eſt qu'après de pareilles études dans les matieres deſquelles on fera un choix diſcret qu'on peut ſe flatter de parvenir au moment de former le jeune prince qui doit régner. Il ſçaura que c'eſt la vertu, que c'eſt le reſpect qu'on a pour elle & pour les autres qualités extérieures qui ont fait conſentir les hommes à l'obéiſſance, & qui les y maintiennent d'une maniere plus flatteuſe pour lui; que c'eſt uſurper en quelques façons l'autorité, que de ne pas s'empreſſer à la mériter à ce prix.

L'on oſera dire à ce jeune prince que ſi ſon rang l'éleve au deſſus des autres hommes, il partage toutes les foibleſſes avec eux! Qu'il eſt infiniment malheureux de n'en être ſéparé que par le faſte & l'orgueil; mais ſur-tout que la premiere loi à laquelle il doit obéir eſt celle de l'humanité; que la ſeconde eſt la bienfaiſance, & enfin que ſa juſtice n'eſt que la borne que ſa ſageſſe & l'intérêt de l'état ſont obligés de mettre à l'un & à l'autre. Quiconque n'auroit que la puiſſance d'être juſte (en ce ſens,) ne ſeroit ni monarque ni puiſſant !

Qu'ainſi que l'envie n'eſt que l'ombre de la gloire, la gloire d'un grand nom eſt l'ombre de la vertu ! qu'il doit chercher à mériter, non-ſeulement l'eſtime des autres, mais celle de ſoi-même ; c'eſt-là le vrai mobile des ames fieres.

Enfin, on oſera lui dire qu'il eſt auſſi honnête de pouvoir être PUR ET GLORIEUX AVEC SOI-MÊME, qu'il eſt ridicule & peu digne de l'être avec les autres.

Il prendra bientôt des idées & un eſprit vaſte qui lui feront regarder les accidents de la vie com-

nie prévus & connus ; c'est après de pareils pré-
paratifs qu'on l'initiera dans la science de l'état
politique de chaque nation, de l'intérêt respectif de
chaque empire toujours décidé par leurs situations, le
genre de leurs commerces, de leurs besoins, le
génie de leur industrie, l'exploitation de leurs
richesses, l'abondance de leur population. Sur le
génie des bonnes mœurs, il réformera la législation, il apprendra bientôt qu'où la finance est devenue un art nécessaire, l'état est affaissé, les mœurs
dépravées & barbares, le peuple pauvre & le
monarque jamais riche ; que les frais de per-
ceptions immenses perdus pour le monarque font
une double usure tirée sur lui & sur son peuple ; que de toutes les usures la plus énorme
qui frappe l'un & l'autre, est celle dictée par la
nécessité qui procura des secours adulterins &
chers ; que l'homme vertueux qui, de nos jours,
proposa une administration différente, avoit connu les ressources d'un beau royaume, & les vrais
revirements de partie pour empêcher la capital
de se peupler de capitalistes, & de dévorer le
reste du royaume. A cet homme estimable,
il ne manqua que d'être François, puisqu'il eut
pu être Suilly, & que c'est à la vertu pure &
fiere d'y prétendre, quand elle sent qu'il peut exister un cœur tel que celui de HENRI IV.

Enfin, la législation & la finance termineront
l'éducation du prince ; les bases de ces connoissances ont des principes simples ; mais les rameaux qui
en divisent & subdivisent les parties, sont immenses. Le plus difficile de ces sciences est le
jargon de chacunes, & l'espece d'algebre dont
on les a enveloppés. Elles ne sont pas de nos

jours indéchiffrables, fur-tout dès qu'on tient le
fil, & qu'on en connoît les vrais principes.

Le jeune prince, au moyen des connoiffances
dont l'on vient de crayonner à la hâte une notice rapide, pour fe décider avec connoiffance
& jugement, aimera & chérira tous les arts,
il fera le pere des fçavans & des belles-let-
tres, avec connoiffance & à jufte titre. La
caufe générale fera continuellement devant fes
yeux, & affurera fes oracles, la bienveillance
de fon cœur viendra tempérer la majefté & l'état
de fon rang, une circonfpection noble & obfer-
vatrice fera répandue fur toute fa perfonne! Ha-
bitué de bonne heure à un coup-d'œil jufte, à
une application foutenue, l'habitude & l'expérience lui feront de l'art de regner un plaifir
auffi facile que de celui de faire du bien avec grace.

Toutes ces chofes ne peuvent qu'être crayonnées
dans cet Effai dont j'ai précipité la marche, &
déja trop long, mais il m'eut fallu plus de temps
pour l'abréger.

J'oubliois de dire qu'il eft encore néceffaire
pour mettre la derniere main à l'éducation, que
le jeune éleve voyage à dix-huit ou vingt ans,
prenant la précaution de lui faire lire la meilleure
hiftoire de la nation chez laquelle il ira; il y
fera obfervateur, & je ne doute point qu'il ne
rapporte fes tablettes pleines d'excellentes remarques. Rien ne repofe davantage l'efprit, & ne
hâte plus fa maturité, ne dégage plus des préjugés du fol!

C'eft ainfi que l'art fondera les difpofitions de
la nature, & les perfectionnera par une heureufe
harmonie, un merveilleux concert; celle-ci doit

toujours dominer, & ne jamais être étouffée, le
grand spectacle de l'expérience en tous genres
doit amener & maintenir cet accord ; elle doit
en être le sauve-garde, & la raison humaine qui
nous distingue (ce présent divin qui est une révélation suprême de la divinité & des mesures que
nous avons à prendre pour procurer notre bonheur
dans le *stage* que nous avons à parcourir.) La raison, dis-je, en veillant à notre conservation acquérera
un degré de perfectibilité si consolant, si éminent,
qu'elle nous fera compter au nombre de nos
jouissances les plus délicieuses, notre amour ac-
tif & bienfaisant envers la société, le prince &
la patrie.

Telles sont les idées que je me suis fait d'une
éducation qui puisse justifier dignement les lumieres, la grandeur & la magnificence d'une nation telle
que la nôtre, si elles répondent à l'importance du
sujet & à ma bonne volonté, je trouverai ma patrie
moins severe que portée à l'indulgence que je ré-
clame pour cet ouvrage d'un moment, & le
sacrifice que j'en fais à son bonheur me fera
moins penible.

F I N.

TABLE

TABLE DES PRIX

D U

SEPTIER DE BLED,

MESURE DE PARIS,

Depuis l'Année 1202 jusqu'en 1746, avec la valeur du Marc d'Argent fin de 12 deniers, sous chaque Regne, servant à faire l'évaluation des anciens Prix en Monnoie actuelle.

ANNÉES.	Prix du Septier de Bled.			Prix commun.			Prix du marc d'argent.			Evaluation du Septier en monnoie actuelle.		
	liv.	f.	d	liv.	f.	d.	liv.	f.	d.	liv.	f.	d.
Philippe II.												
1202.	0.	5.	7									
Louis IX.												
1256.	0.	6.	4	0.	7.	9	2.	18.	0	6.	11.	0
Philippe IV.												
1289	0.	6.	3									
1290	0.	8.	4									
1294	0.	9.	8									
1304	2.	0.	0	2.	0.	0	8.	7.	0	13.	0.	0
1312	0.	16.	3	0.	13.	6	4.	0.	0	8.	16.	0
1314	0.	10.	0									
Louis X												
1315	2.	10.	0	2.	10.	0	4.	0.	0	33.	18.	0
Philippe V.												
1316	0.	17.	0	0.	17.	0	4.	0.	0	11.	10.	0
Charles IV.												
1322	1.	0.	2	0.	18.	0	4.	7.	0	11.	4.	0
1323	0.	15.	7									
1327	0.	13.	9									
Philippe VI.				0.	15.	0	6.	0.	0	6.	16.	0
1328	0.	17.	3									
1329	0.	15.	0									
1332	0.	11.	9									
1333	0.	16.	5	0.	13.	0	3.	0.	0	11.	15.	0
1334	0.	10.	4									
1337	0.	12.	5	0.	12.	5	4.	10.	0	7.	10.	0
1339	0.	15.	0	0.	15.	0	7.	10.	0	5.	8.	0
1341	0.	17.	6	0.	17.	6	9.	0.	0	5.	5.	0
1342	2.	4.	5	2.	4.	5	15.	0.	0	8.	1.	0
1343	2.	0.	0	2.	0.	0	3.	15.	0	28.	19.	0
1344	0	13.	10	0.	12.	0	3.	15.	0	8.	13.	0
1345	0	13.	1									

ANNÉES.	Prix du Septier de Bled.			Prix commun.			Prix du marc d'argent.			Evaluation du Septier en monnoie actuelle.		
	liv.	s.	d.	liv.	s.	d.	liv.	s.	d	liv.	s.	d.
1347	0.	15.	2	0.	15.	2	5.	0.	0	8.	4.	0
Jean. 1350	4.	4.	0	4.	4.	0	6. 9.	0. 0.	0 0	30.	8.	0
1351	8.	0.	0	8.	0.	0	7. 12. 13.	10. 0. 10.	0 0 0	39.	9.	0
1354	1.	9.	4	1.	9.	4	6.	0.	0	13.	5.	0
1356	0.	17.	8	1.	17.	8	12.	0.	0	4.	0.	0
1359	5.	12.	0	5	12.	0	45. 102.	0. 0.	0 0	4.	3.	0
1360	1.	5.	0	1.	5.	0	16.	0.	0	4.	5.	0
1361	1.	10.	2									
Charles V.												
1365	1.	0.	3									
1369	1.	14.	2									
1372	0.	12.	0	1.	1.	1	6.	0.	0	9.	10.	0
1375	0.	15.	4									
1376	1.	5.	3									
Charles VI												
1382	0.	10.	6									
1385	0.	14.	10									
1390	1.	0.	0									
1397	0.	13.	2									
1398	0.	14.	2	0.	17.	0	6.	15.	0	6.	17.	0
1405	0.	18.	2									
1406	0.	15.	0									
1410	1.	5.	0									
1411	0.	16.	0									
1412	0	13.	1	0.	13.	1	11.	14.	0	3.	0.	0
1416	cherté,			famine,			mortalité			jusqu'en 1425.		
Charles VII.												

Années.	Prix du Septier de Bled.			Prix commun.			Prix du marc d'argent.			Evaluation du Septier en monnoie actuelle		
	liv.	f.	d.	liv.	f.	d.	liv.	f.	d.	liv.	f.	d.
1426	0.	17.	0									
1427	1.	5.	6	0.	18.	2	8.	•.	0	6.	3.	c
1428	0.	12.	0									
1430	3.	17.	6									
1431	2.	0.	c	3.	7.	2	8.	0.	c	22.	15.	c
1432	4.	4.	c									
1433	1.	14.	0									
1435	0.	13.	2	1.	2.	4	8.	0.	0	7.	11.	0
1436	1.	c.	c									
1437	5.	0.	0									
1438	4.	16.	0	6.	5.	4	S.	0.	0	42.	10.	c
1439	9.	0.	0									
1440	1.	1.	0	1.	1.	0	8.	0.	c	7.	2.	0
1443	0.	10.	9	2.	7.	8	8.	0.	0	16.	3.	c
	4.	4.	8									
1444	1.	0.	0	1.	0.	c	S.	0.	c	6.	16.	0
1446	0.	10.	0									
1447	0.	12.	0									
1448	0.	5.	11									
1449	0.	13.	0									
1450	0.	11.	0	0.	12.	4	9.	0.	c	3.	14.	c
1452	0.	8.	1									
1454	0.	13.	9									
1457	1.	c.	1									
1459	0.	17.	6									
Louis XI.												
1462	0.	11.	8									
1463	0.	9.	7									
1464	0.	5.	0	0.	11.	7	9.	0.	c	3.	9.	c
1465	0.	10.	0									
1466	1.	1.	8									
1467	0.	9.	4									
1469	0.	11.	3									
1470	0.	7.	1									
1471	0.	11.	0	0.	11.	c	11.	5.	0	2.	13.	0
1472	0.	10.	c									
1473	0.	10.	c									
1474	0.	18.	c									

K

ANNÉES.	Prix du Septier de bled.	Prix commun.	Prix du marc d'argent.	Évaluation du Septier en monnoie actuelle.
	liv. s. d.	liv. s. d.	liv. s. d.	liv. s. d.
1475	0. 18. 2	0. 18. 2	12. 0. 0	4. 2. 0
1477	0. 18. 4			
1481	1. 5. 0			
1482	1. 0. 0			
Charles VIII.		1. 5. 0	10. 16. 0	6. 5. 0
1485	0. 13. 6			
1486	1. 6. 4			
1487	1. 0. 0	1. 5. 0	10. 16. 0	6. 5. 0
1489	0. 15. 0			
1492	0. 15. 0			
1493	0. 11. 5			
Louis XII				
1498	1. 0. 0	0. 18. 8	12. 0. 0	4. 4. 0
1499	1. 6. 9			
1500	0. 12. 0			
1501	1. 10. 0			
1508	1. 5. 0			
1509	0. 16. 8			
1510	0. 8. 1	0. 15. 4	11. 9. 0	3. 12. 0
1511	0. 8. 0			
1512	0. 12. 0			
1513	1. 0. 0			
François I				
1516	3. 4. 2	3. 4. 0	12. 0. 0	14. 10. 0
1517	1. 5. 0	12. 0. 0	5. 0. 0	5. 13. 0
1519	1. 2. 6	1. 4. 2	13. 0. 0	5. 0. 0
1520	1. 5. 1			
1521	1. 3. 4			
1522	2. 0. 0	3. 7. 9	13. 0. 0	14. 3. 0
1524	3. 0. 0			
1525	1. 0. 0	2. 19. 2	13. 0. 0	3. 19. 0
1526	2. 18. 4			
1527	2. 2. 11			
1528	2. 4. 0	2. 13. 0	13. 0. 0	11. 1. 0
1529	2. 14. 5			
1530	2. 11. 1			

ANNÉES.	Prix du Septier de Bled.		Prix commun.		Prix du marc d'argent.		Evaluation du Septier en monnoie actuelle.	
	liv.	f. d.	liv.	f. d.	liv.	f. d.	liv.	f. d.
1531	5.	3. 2						
1532	4.	1. 8	4.	12. 6	13.	0. 0	19.	6. 0
1533	2.	0.10						
1534	1.	11. 3						
1535	2.	1.10						
1536	3.	0. 6	2.	10. 6	13.	0. 0	10.	10. 0
1538	2.	14. 0						
1539	3.	15. 3						
1540	2.	1. 0						
1541	2.	2. 6						
1542	2.	12. 5						
1543	2.	18. 4						
1544	3.	6. 8						
1545	3.	5. 0						
1546	3.	0. 0	2.	17. 2	15.	0. 0	20.	13. 0
Henry II.								
1547	2.	5.10						
1548	2.	10. 5						
1553	3.	13. 4						
1554	3.	6. 8						
1555	3.	7.11						
1556	5.	15. 0						
1557	5.	13. 4	5.	14. 2	15.	0. 0	20.	13. 0
1558 François II.	3.	1. 8						
1559 Charles IX.	3.	12. 7	3.	9. 9	15.	0. 0	12.	12. 0
1560	3.	15. 0						
1561	4.	10. 0						
1562	6.	0.10	6.	4. 2	15.	0. 0	22.	9. 0
1563	8.	1. 8						
1564	3.	18. 0						
1565	6.	6. 9						
1566	10.	7. 9						
1567	8.	15. 0						

ANNÉES.	Prix du Septier de Bled.	Prix commun.	Prix du marc d'argent.	Evaluation du Septier en monnoie actuelle.
	liv. s. d.	liv. s. d.	liv. s. d.	liv. s. d.
1568	6. 2.11	6. 11. 8	16. 13. 4	21. 9. 0
1569	5. 8. 0			
1570	4. 11. 0			
1571	6. 0. 5			
1572	7. 15. 2			
1573	14. 15. 0			
Henry III		14. 7. 6	16. 13. 4	46. 17. 0
1574	14. 0. 0			
1575	6. 12. 6			
1576	8. 3. 0			
1577	5. 8. 4			
1578	5. 16. 8	6. 6. 4	21. 5. 8	16. 2. 0
1579	6. 4. 7			
1580	6. 5. 0			
1581	5. 13. 9			
1582	7. 9. 8			
1583	7. 11. 3			
1584	8. 12. 0	7. 19. 0	20. 12. 4	20. 18. 0
1585	8. 4. 5			
1586	19. 10. 0	29. 16. 8	20. 12. 4	78. 13. 0
1587	30. & 40			
Henry IV.				
1589	6. 5. 0			
1590	11. 18. 9	18. 2. 0	20. 12. 4	47. 14. 0
1591	30. 6. 8			
1592	18. 0. 0			
1595	24. 0. 0			
1596	17. 12.10			
1597	15. 19. 2			
1598	13. 17. 2	11. 9. 6	20. 12. 4	30. 5. 0
1599	7. 7. 7			
1600	7. 2. 9			
1601	6. 18. 1			
1602	5. 18. 5			
1603	11. 18. 3			
1604	7. 12. 5	8. 11. 0	22. 0. 0	21. 2. 0
1605	6. 10.10			

ANNÉES.	Prix du Septier de Bled.			Prix commun.			Prix du marc d'argent.			Evaluation du Septier en monnoie actuelle.		
	liv.	s.	d.	liv.	s.	d	liv.	s.	a.	liv.	s.	a.
1606	7.	7.	8									
1607	7.	8	10									
1608	11.	10.	5									
1609	10.	1.	7									
Louis XIII												
1610	7.	11.	0									
1611	7.	12.	5									
1612	7.	14.	10									
1613	6.	19.	0	8.	4.	6	22.	0.	0	20.	6.	0
1614	7.	18.	6									
1615	6.	18.	2									
1616	7.	1.	8									
1617	7.	16.	0									
1618	14.	8.	10									
1619	8.	17.	7									
1620	6.	12.	1									
1621	8.	11.	7									
1622	11.	5.	7									
1623	10.	17.	0	10.	9.	6	22.	0.	0	25.	17.	0
1624	8.	10.	4									
1625	9.	9.	7									
1626	6.	16.	0									
1627	13.	5.	2									
1628	9.	18.	0									
1629	9.	0.	0									
1630	10.	13.	7									
1631	19.	16.	5	11.	17.	6	22.	0.	0	29.	6.	0
1632	15.	7.	2									
1633	11.	0	11									
1634	9.	5.	0									
1635	9.	18.	7									
1636	11.	13.	4									
1637	11.	2.	0									
1638	10.	10.	0	10.	7.	2	27.	10.	0	20.	9.	0
1639	9.	2.	2									
1640	9.	8.	5									
1641	11.	19.	2	12.	1.	0	29.	3.	7	22.	8.	0
1642	12.	2.	5									

L

ANNÉES.	Prix du Setier de bled.	Prix commun.	Prix du marc d'argent.	Evaluation du setier en monnoie actuelle.
	l. s. d.	l. s. d.	l. s. d.	l. s. d.
Louis XIV.				
1643	17. 17. 9			
1644	17. 11. 8			
1645	11. 4. 5	13. 15. 0	28. 13. 8	26. 1. 0
1646	9. 7. 2			
1647	2. 13.			
1648	18. 3. 7			
1649	18. 18.			
1650	20. 1. 5	2. 4. 6	28. 13. 8	42. 2. 0
1651	15. 17.			
1652	24. 18.			
1653	13. 7.			
1654	12. 12.			
1655	10. 19.			
1656	18. 7. 0	11. 15. 2	23. 13. 8	22. 5. 0
1657	8. 4. 0			
1658	12. 19. 0			
1659	15. 4. 6			
1660	17. 8. 0			
1661	16. 11. 6	12. 13. 0	28. 13. 4	42. 18. 0
1662	13. 9. 9			
1663	20. 12. 6			
1664	17. 2. 0			
1665	13. 16.			
1666	7. 19. 0			
1667	9. 0. 0			
1668	7. 19.	10. 7. 3	28. 13. 4	19. 12. 0
1669	8. 2. 4			
1670	8. 8.			
1671	9. 7. 0			
1672	9. 13.			
1673	7. 17. 4			
1674	9. 9. 11			
1675	14. 6. 6			
1676	13. 4. 0			
1677	11. 12. 0			
1678	14. 9.			
1679	16. 8. 0			

Années.	Prix du Septier de Bled.	Prix commun.	Prix du marc d'argent.	Évaluation du Septier en monnoie actuelle.
	liv. s. d.	liv. s. d.	liv. s. d.	liv. s. d.
1680	12. 18. 6			
1681	13. 10. 0	12. 11. 0	23. 13. 4	23. 16. 0
1682	12. 18. 0			
1683	11. 6. 6			
1684	14. 6. 6			
1685	16. 1. 0			
1686	10. 2. 6			
1687	9. 13. 0			
1688	7. 0. 3			
1689	7. 18. 3		32. 2. 0	
1690	9. 6. 0	9. 18. 6	32. 11. 8	16. 14. 0
1691	9. 16. 0		32. 11. 8	
1692	12. 13. 0		31. 12. 3	
1693	25. 10. 0	32. 8. 0	30. 5. 0	53. 19. 0
1694	30. 6. 0		34. 19. 7	
1695	14. 6. 6			
1696	14. 15. 0	15. 9. 0	34. 19. 7	24. 0. 0
1697	17. 5. 0			
1698	21. 13. 0		34. 19. 7	
1699	25. 19. 6	24. 2. 0		38. 9. 1
1700	23. 14. 0		33. 1. 5	
1701	15. 19. 0		32. 11. 8	
1702	12. 13. 6		36. 19. 3	
1703	11. 15. 0		36. 19. 9	
1704	11. 9. 0	12. 17. 6	33. 11. 1	15. 14. 0
1705	13. 7. 9		37. 13. 0	
1706	7. 17. 4		34. 13. 9	
1707	6. 18. 9		47. 8. 0	
1708	10. 1. 0		36. 14. 0	
1709	14. 11. 3	42. 12. 6	33. 5. 5	63. 17. 0
1710	10. 10. 0		31. 12. 4	
			42. 12. 8	
1711	17. 8. 6		43. 12. 0	
1712	20. 17. 0		43. 12. 8	
1713	25. 11. 0		43. 12. 0	
1714	29. 2. 0	22. 2. 3	53. 3. 7	29. 16. 0
Louis XV.				
1715	14. 12. 3		52. 4. 0	

Années.	Prix du Septier de Bled.			Prix commun.			Prix du marc d'argent.			Evaluation du Septier en monnoie actuelle.		
	liv.	s.	d.	liv.	s.	d.	liv.	s.	d.	liv.	s.	d.
1716	12.	9.	0				43.	12.	3			
1717	9.	19.	9				43.	12.	3			
1718	10.	19.	0	14.	3.	0	66.	12.	0	11.	12.	0
1719	14.	7.	3				61.	1.	9			
1720	20.	11.	0				110.	16.	0			
1721	14.	14.	0				68.	14.	6			
1722	16.	1.	0				68.	14.	6			
1723	25.	1.	0				72.	0.	0			
1724	24.	19.	6	26.	16.	0	52.	12.	0	25.	14.	0
1725	30.	7.	6				15.	5.	5			
1726	26.	11.	0									
1727	19.	1.	0									
1728	12.	16.	6									
1729	17.	2.	0									
1730	15.	13.	6	15.	13.	0	54.	6.	0	15.	14.	0
1731	19.	3.	0									
1732	13.	8.	6									
1733	10.	7.	0									
1734	11.	0.	6									
1735	11.	6.	6									
1736	13.	1.	0									
1737	14.	14.	0									
1738	18.	15.	0									
1739	22.	19.	0									
1740	27.	12.	0	19.	0.	9	54.	6.	0	19.	0.	10
1741	38.	2.	0									
1742	21.	2.	0									
1743	11.	14.	9									
1744	11.	1.	3									
1745	11.	6.	6									

FIN.

ERRATA.

Page vj, ligne 21, il n'en faut pas douter, lifez il ne faut pas douter.

Page viij, ligne 19, le bonheur d'être inutile, lifez le bonheur d'être utile.

Page 2, ligne 32, en rendant donc hommage, lifez en rendant hommage.

Page 5, ligne 8, prefque expirant, lifez prefque expirante.

Page 15, ligne 4, l'énergie de fon attention, lifez l'énergie de fon ame.

Page 24, avant derniere ligne, les Perfes, les Thefes, lifez de-là les Perfées, les Thefées.

Page 29, ligne 1., d'où decou'e, lifez d'où découlent.

Page 33, ligne 8, occupée & inappréciable, lifez occupée eft inappréciable.

Ibid, ligne 9, fous fes aufpices, lifez fous les aufpices.

Page 34, ligne 29, pour ceux qui donnent, lifez pour ceux que donnent.

Page 42, ligne 6, conferverent, lifez confervent.

Page 61, ligne 2, & mouvoir a fa confervation, lifez & émouvoir à fa confervation.

Ibid, ligne 7, qu'il n'ait fon principe, lifez qui n'ait fon principe.

Page 74, ligne 7, de fes plus douces influences, lifez de ces plus douces influences.

Page 75, ligne 20, dans tous les arts de la vie, lifez dans tous les états de la vie.

Page 78, ligne 11, l'art de les diriger & de les faire fuccéder, lifez l'art de les diriger eft de les faire fuccéder.

Page 83, ligne 4, ne leur donnent qu'un plus puiffant eclat, lifez ne lui donneront qu'un plus puiffant éclat.

Ibid, ligne 21, qui les détruifent fans les confoler, lifez qui le détruifent fans le confoler.

Page 87, ligne 27, & le talonnement de l'ignorance, lifez & le tâtonnement de l'ignorance.

Page 96, ligne 5, la faine & les bonnes mœurs devroient rendre les états indépendans, lifez la fainteté des bonnes mœurs devroient rendre les états indépendants de tous dogmes fophiftiques.

Page 111, ligne 14, eft prefque égal les uns comme les autres, lifez eft prefque égal pour les uns comme pour les autres.

Page 124, ligne 22, à effayer de toutes pofitions, lifez à effuyer de toutes les pofitions du déréglement.

Page 127, ligne 6 (note), au lieu de ces mots, *ne chaffez point la nature*, & de ce qui fuit, lifez « ne hâtons point » les progrès de la nature! ne l'excitons point a des dé-» veloppemens prématurés; malheureux celui qui, pour » paroître aimable, après avoir plû à la vertu, veut encore » plaire aux voluptueux, & quittant comme Tartiffe fon

« manteau, provoque, par le coloris d'un tableau volup-
» tueux, l'imagination de la jeunesse pour laquelle il a la
» prétention d'écrire ! La jeunesse, en s'abreuvant à long
» trait de pareilles lectures, éprouve bientôt le fort de ces
» arts, qui pour être venus dans des ferres chaudes,
» n'ont ni couleur, ni bon goût, & n'arrivent jamais à
» maturité. Ils charment la vanité, l'oftentation, ils bril-
» lent d'un vain luxe ; mais ils font auffi infipides au goût
» que peu nourriffants !

Page 134, lignes, pour fe décider avec connoiffance & jugement, aimera, lifez pourra fe décider avec connoiffance
& jugement ; il aimera & chérira les arts.